Horst Günther
Das Erdbeben von Lissabon

»Fünfzehige Tiere.
Der Mensch sollte unter diesen billig die erste Klasse einnehmen, aber seine Vernunft erhebt ihn über die Tiergattungen zu weit.
a) Das Hasengeschlecht
Es hat kein scharfes Gesicht, aber ein besseres Gehör, ist verliebt und furchtsam … Die Waldhasen sind stärker als die Feldhasen … Bisweilen hat man auch gehörnte Hasen mit einem schauflichten Geweihe angetroffen …«

IMMANUEL KANT, *Physische Geographie*

Horst Günther

Das Erdbeben von Lissabon

erschüttert die Meinungen und setzt das Denken in Bewegung

Verlag Klaus Wagenbach
Berlin

Das Erdbeben von Lissabon
erschien im September 1994
im Rahmen des Jubiläumsprogramms
30 Jahre Verlag Klaus Wagenbach

Wagenbachs Taschenbuch 235
Originalausgabe

 Umschlaggestaltung Rainer Groothuis unter Verwendung des Gemäldes »Terremoto de Lisboa« (1755) von João Clam, Archivo Nacional de Fotografia – Instituto Portuguès de Museus. Gesetzt aus der Borgis Van Dijck durch die Offizin Götz Gorissen. Druck und Bindung von Wagner, Nördlingen. Gedruckt auf chlor- und säurefreiem Papier. Printed in Germany.
ISBN 3 8031 2235 X

INHALT

Meeres Stille und glückliche Fahrt

Sind es die Ereignisse, die die Menschen am meisten beschäftigen, oder die Meinungen von den Ereignissen? Diese Frage hat man sich im 18. Jahrhundert oft gestellt. Schließlich glaubte man ja, sich in einem Jahrhundert der Aufklärung zu befinden. Ein Jahrhundert der Aufklärung ist nicht schon ein aufgeklärtes Jahrhundert. Das wollte man deutlich auseinanderhalten. Und Aufklärung ist keine Epoche, sondern eine Tätigkeit. Licht zu machen dort, wo es finster war, Helligkeit verbreiten, Selbstbewußtsein und klare Begriffe für vernünftiges Handeln.

Aufklärung ist aber auch eine Sache des schönen Wetters. Ganz ohne Sonne geht das nicht. Der Himmel muß freundlich darauf blicken, wenn so etwas auf die Dauer Erfolg haben soll. Jedes Zeitalter schafft sich aus den herrschenden Meinungen seine eigene Stimmung und Atmosphäre. Die Bewohner des 18. Jahrhunderts begannen, es sich in ihrer Zeit bequem zu machen. Sie erweckten den Eindruck, mit ihren Leistungen zufrieden zu sein, und sie waren ja auch ein gutes Stück vorangekommen.

Den Wahnsinn blutiger Religions- und Bürgerkriege glaubte man hinter sich gebracht zu haben. Die hatten die Vergangenheit geprägt, die dunkle zweite Hälfte des 16. Jahrhunderts und fast das gesamte 17. Jahrhundert. Wer damit begonnen hatte und daran schuld sein mochte, hatte man längst vergessen. Es war auch gleichgültig. Verloren hatten alle in diesem maßlosen Jammer und Elend. Jetzt wollte man Ruhe haben, die Ruhe des Gemüts und die Ruhe, die man braucht, um die Gewerbe zu pflegen, Handel zu treiben, den Boden zu kultivieren und die Menschen, die darauf leben. Das bedeutete Erziehung des Menschen, die Kultur seiner Gefühle zur Mäßigung gefährlicher und zerstörerischer Leidenschaften, und eine Einrichtung des Staates, die seinen Bürgern gesetzliche Freiheit zur Entfaltung ihrer Fähigkeiten gibt.

Daß man das Glück nicht erzwingen kann, war auch nicht unbekannt. Aber Staat und Gesellschaft sollten solche Gesetze und

Einrichtungen erhalten, daß sie die Bedingung schufen, glücklich in ihnen zu leben. Und die Menschen sollten so erzogen werden, daß sie würdig seien, glücklich zu werden. Das setzte voraus, daß man die Mächte bezwang, die all das Unglück in der Vergangenheit hervorgebracht hatten, den finsteren Aberglauben, den eifernden Sektengeist, den wütenden Religionshaß, die zügellose Machtgier, die blinde Habsucht ... Viele Ungeheuer mußte man an Ketten zu legen versuchen, um die Bedingung der Möglichkeit des Glückes zu schaffen: den Hochmut der Herrschenden, die Willkür und Grausamkeit der ausführenden Organe, Fanatismus und Knechtsgesinnung der unbelehrten Masse.

Man hatte sich viel vorgenommen, und man konnte auf Erfolge verweisen. Die toleranten Niederlande waren ein blühender Staat, seit sie sich von der spanischen Herrschaft befreit hatten. England wurde zum Vorbild bürgerlicher Freiheit und gesicherten Wohlstands, seit es seine blutige Selbstzerfleischung in unablässigen Bürgerkriegen beendet hatte. Und wo Handel und Gewerbe gediehen, schien auch der freie Austausch der Ideen, ein vorurteilsloses Forschen und Denken am besten in Gang zu kommen. Die Gesetze, nach denen sich die Himmelskörper bewegen, hatte Newton endlich aus dem Bereich vager Hypothesen in ein gesichertes System gebracht. Die Seele des Menschen wurde nicht mehr mit abenteuerlichen Vermutungen dargestellt. John Locke hatte klar beschrieben, wie sie Vorstellungen und Begriffe bildet.

Die Natur und der Mensch schienen berechenbar geworden zu sein. Es war das Zeitalter der Statistik, der politischen Arithmetik, wie man gern sagte. Der Wahrscheinlichkeitskalkül ließ sich anwenden, und was im einzelnen wie ein Hasardspiel aussah, gewann im Ganzen Sinn und Zusammenhang. Jeder stirbt seinen Tod, aber die Lebensdauer des Menschen wurde berechenbar. Nicht nur im mittleren Schnitt, der wenig sagt, solange die Säuglingssterblichkeit hoch ist und Epidemien vor allem Kinder hinraffen. Differenziert ließ sich die wahrscheinliche Lebensdauer berechnen, die nach den bisherigen Daten einer erwarten kann, der jetzt dreißig oder fünfzig oder selbst achtzig Jahre alt ist, und darauf ließen sich Leibrenten und Versicherungen gründen, die den Zufall und das einzelne Schicksal oder Risiko mit der großen Zahl vermitteln.

So wie man die Bewegungen der Himmelskörper, die Bodenschätze und die Früchte der Erde und das Leben der Menschen berechnete, um die Gefahren und die Angst vor dem Unbekannten zu bannen, so wollte man es auch mit den Meinungen der Menschen tun. Die Religion sollte sich nicht mehr in ungeheurem Grundbesitz der Kirche, in der Macht über die Gewissen, der Aufsicht über Schulen und Universitäten und der Zensur der Bücher verkörpern, sondern in der Pflege eines Gefühls das zeitliche Leben des Menschen auf dieser Erde mit dem Ewigen verbinden. Das war ein fernes Ziel und eine große Aufgabe. Man dachte nicht an gewaltsame Entmachtung, sondern daran, jeden einzelnen Bereich nach den ihm eigenen Gesetzen zu bearbeiten.

Es war jedem aufgeklärten Reisenden deutlich, daß der Kirchenstaat im mittleren Italien und die geistlichen Besitztümer nicht gut verwaltet waren. Bis in den Wortgebrauch stimmen viele Schilderungen mit dem überein, was wir heute über die ebenso zugrundegegangene staatlich verordnete sozialistische Wirtschaft zu hören bekommen. Scheint es für die Ökonomie besser, wenn sie ihren eigenen Gesetzen folgt, so zeigte ein Blick auf die Moral des Priesterstandes und der Ordensleute, daß sie keinen Staat im Staate bilden sollten. Noch empörender für die Philosophen der Aufklärung aber war die Unterordnung des Wissens unter das Dogma. Die Kosmologie war mit der Vollendung des Kopernikanischen Systems durch Newton gerade triumphal von der Herrschaft der Theologie befreit worden. Dabei ging es ja nicht darum, ob Kopernikus ein frommer Domherr war und ob Newton gläubig die Apokalypse des Johannes kommentierte, sondern darum, daß die Himmelskörper sich nicht nach theologischen Dogmen, aber nach physikalischen Gesetzen bewegen und berechnen lassen.

Eines der großen und nicht unbedenklichen Folgeprobleme daraus war es, ob man ebenso die Welt des Menschen, in der sich

Naturgesetze mit dem moralischen Gesetz verbinden, berechnen und erklärbar machen kann. Für die Philosophen war es klar, daß sie eine möglichst ebenso rationale Metaphysik entwickeln mußten, die vielleicht mit mancher theologischen Meinung übereinstimmt, aber keinesfalls unter der Herrschaft der Theologie steht. Gottfried Wilhelm Leibniz (1646–1716) steht da zwischen zwei Zeitaltern. Für einen wirklichen Philosophen, und das war er ja, ist es nicht unmöglich, die Notwendigkeit der Naturgesetze mit der Freiheit des Sittengesetzes zu vereinen. Er verwechselt die motivierbare Freiheit sittlicher Entscheidung nicht mit der Willkür des Zufalls oder einer Situation wie der von Buridans Esel, der zwischen zwei gleich eßbaren Heubündeln verhungert, da es keinen Entscheidungsgrund für den einen oder anderen gibt.

Man schuf also eine neue Metaphysik. Wie die Wahrscheinlichkeitsrechnung und der Infinitesimalkalkül ordnete sie das einzelne, das für uns ein Unglück sein kann, in den Zusammenhang des großen und vollkommenen Ganzen ein. Was bei Leibniz ein mathematisch begründetes ›System des Optimum‹ ist und bei dem Politiker und Philosophen Shaftesbury (1671–1713) von hoher Begeisterung einer harmonischen Weltansicht getragen war, hämmerte der Dichter Alexander Pope (1688–1744) in seinem *Essay on Man* den Lesern mit der faßlichen Formel ein: Whatever is, is right; ›Tout est bien‹ tönte das Echo aus Frankreich: Alles ist gut.

Auch wer der Deduktion und dem mathematischen Argument nicht zu folgen vermochte, wollte dem nichts entgegenhalten, wenn er nicht als Misanthrop oder finsterblickender Manichäer gelten wollte. Es sprach nicht so viel dagegen, wenn man es nicht zu genau nahm. Man fühlte sich auf dieser Erde heimisch, blickte fast ein wenig selbstgefällig darauf, wie weit man es doch gebracht habe, und es ging ja auch so vieles gut und sogar aufwärts oder glich sich doch, wie Verlust und Gewinn in einem gut geführten Handelshause, bald wieder zum Besseren aus.

Man setzte Vertrauen in die Welt, hielt die Natur für verläßlich und stellte sich den lieben Gott als einen in Weisheit ergrauten seriösen Geschäftspartner vor. Um so größer war das Entsetzen und die Fassungslosigkeit, als mitten in jenem ruhigen Jahrhundert wie aus heiterem Himmel die Erde bebte und am 1. November 1755 die prächtige Stadt Lissabon in Trümmer sank und ihre Einwohner unter sich begrub. Lissabon war eine der blühendsten und reichsten Städte. Es hatte wie Amsterdam und London die großen Hafenstädte am Mittelmeer, Venedig und Genua, beerbt, als sich Handel und Verkehr aus dem Mittelmeerbecken der alten Welt an den Atlantik verlagerten und nach Amerika und Ostindien orientierten.

Lissabon im 18. Jahrhundert

Lissabon war die große Hauptstadt eines kleinen Landes. Das ist an sich nicht verwunderlich, denn in der frühen Neuzeit waren es Stadtrepubliken und Residenzen eher kleinerer Länder, die in Handel und Wirtschaft führend waren. Venedig und Genua zunächst, als Häfen mit wenig Hinterland, Florenz als Gewerbestadt mit Fernhandel und Banken. Die großen Länder waren in Gefahr, ihren landwirtschaftlichen Reichtum zu verzehren und sich selbst unbeweglich zu machen. Als die Orientierung sich aus dem Mittelmeer an den Atlantik verlagerte, durch die immer lebhaftere, mit immer größeren Fahrzeugen betriebene Schiffahrt nach Übersee, da waren Sevilla neben Lissabon und Antwerpen, dann Amsterdam und schließlich London die wichtigsten Häfen.

Portugal war ein kleines Land und wenig entwickelt. Die Seefahrt hatte ihm im Zeitalter der Entdeckungen Handelsplätze und Kolonien verschafft. Aber es mußte sich gegen das territorial übermächtige Spanien behaupten, und dazu bedurfte es eines Bündnisses mit England. Als in Peru und in Mexiko Silber nur noch in geringen Mengen gefördert wurde, entdeckte man reiche

Minen in Brasilien. Gold in immer wachsenden Mengen und Diamanten kamen von dort. Es blieb nicht sehr viel im Lande, das meiste ging weiter nach England, aber Lissabon war der reiche Umschlagplatz. Das Gold war mit dem 18. Jahrhundert über den Atlantik nach Portugal gekommen: 1699 gerade eine Tonne Gold, 1703 schon fünf, und 1715 beinahe 15 Tonnen; und dabei etwa blieb es erst einmal. Mit geringer Verspätung kamen die Diamanten und erforderten Maßnahmen, um die Preise nicht sinken zu lassen. Bodenbewirtschaftung wurde in Brasilien nicht im gleichen Maße betrieben wie Bergbau, aber die Ausfuhr von Rohrzucker, Baumwolle und Färbehölzern nahm dennoch beständig zu.

Bei diesem enormen Reichtum konnte trotz der Zurückgebliebenheit des Landes in Bildung und Gewerben doch viel erreicht werden, wenn nur jemand etwas unternehmen wollte. Es war die Zeit bürokratischer Herrschaft mit persönlichem Regiment, die seit Richelieu Europa gezeigt hatte, wozu ein starker Wille fähig ist. Aufgeklärten Despotismus gibt es nicht, denn Aufklärung ist nur mit Freiheit zu bewerkstelligen. Der Historiker Friedrich Christoph Schlosser spricht denn auch lieber von »monarchischer Revolution«, womit Minister wie Regenten selbst, je nach Fähigkeit, ein Land nach dem anderen umzukrempeln versuchten. Alte feudale Mißstände und die Unbeweglichkeit der grundbesitzenden Geistlichkeit mußten abgeschafft oder behoben werden, neue Maßnahmen zur Förderung der Gewerbe, des Handels, der Bildung waren zu ergreifen.

Portugal fand seinen Herrn im Marquis von Pombal, dem seine königlichen Herren, die, wie zeitgenössische Historiker schreiben, »andächtig und wollüstig« waren, das Staatsruder überließen. Er gehörte zu den gewalttätigen Reformatoren, die alles, und alles zugleich, neu schaffen wollten, Landwirtschaft, Industrie, Handel, Militär und Bildungswesen, und dazu mußten der hohe Adel mit seinem riesigen Grundbesitz und der Jesuitenorden, der den Unterricht überwachte, möglichst beseitigt werden. Aufwand und Ergebnis dieser Verordnungswut über fast ein Menschenalter (1750–1777) stehen in keinem ausgeglichenen

Verhältnis. Schlosser schreibt: »Wollte man alle Gesetze, Verordnungen und Veränderungen, die Pombal gleich in den ersten Jahren seiner Verwaltung vornahm, aufzählen, so würde das Register allein ganze Bogen füllen, wollte man nur das Dauerhafte und Nützliche anführen, so würden einige Zeilen leicht alles umfassen.«

Trotzdem änderte sich manches, nicht nur durch das Zurückdrängen des Jesuitenordens, der sich des Handels und sogar – mit Paraguay – eines ganzen Kolonialstaats bemächtigt hatte, ohne Steuern zu zahlen, und der, wie überall im katholischen Europa, die Schulen beherrschte. In dieser Frage handelten Spanien und Portugal gemeinsam. England hatte Portugal – gegen die Abnahme eines Kontingents Wein, den es nun wirklich nicht selbst produzieren konnte – mit fast allen Gewerbeerzeugnissen seiner Manufakturen in Abhängigkeit gebracht. Als überzeugter Merkantilist wollte Pombal die einheimischen Gewerbe stärken, um einen größeren Teil des Goldes im Lande zu behalten. Reformen wie die des Bildungswesens dauerten länger und bereiteten erst über ein bis zwei Generationen eine Modernisierung Portugals vor. Das Militär aber wurde sofort, und zwar nach preußischem Vorbild, reorganisiert und rettete 1762 mit englischer Hilfe das Land vor der drohenden Vereinnahmung durch Spanien. Zu den großen Leistungen Pombals gehört gewiß auch der rasche Wiederaufbau nach dem Erdbeben von Lissabon. Daß er Tausende unnütz in den Ämtern des Staates herumsitzender Schreiber entließ, um ihre Arbeit von einigen Dutzend erfolgreich erledigen zu lassen, ergänzt das Bild dieses erstaunlichen Mannes.

Der Rolle Lissabons im internationalen Handel wegen wurde an vielen Orten das Unglück zunächst als Katastrophe der Handelshäuser und ihrer Partner in London, Amsterdam, Hamburg und Venedig gesehen, die in Lissabon beträchtliche Summen investiert hatten. In Amsterdam wurde die Nachricht aus Lissabon deshalb vor allem als »bejammernswürdiger Zufall« angesehen: »Unsere Börse befindet sich deswegen heute in der äußersten Bestürzung.« Aus London meldet man: »Die betrübte Nachricht von der unglücklichen Verwüstung der Stadt Lissabon ist unserer

Kaufmannschaft ungemein empfindlich.« Beide Häuser des Parlaments wurden im Namen des Königs unterrichtet, das Unterhaus durch den Minister Fox. Entsprechend meldet man aus Paris »allgemeine Betrübnis«: »Außer dem Anteil, welches die Menschlichkeit daran nimmt, ist zu befürchten, daß dieses Erdbeben durch eine Gegenerschütterung das Glück vieler, die weit von Lissabon entfernt sind, auf einmal über den Haufen werfe, indem die vornehmsten Handelsstädte von Europa eine starke Korrespondenz mit dieser Stadt, die nicht mehr ist, unterhalten habe.«

Aus Hamburg meldet man, mit Datum des 29. November 1755: »Die mit der gestrigen französischen Post eingelangte Nachricht von dem Erdbeben und dem Brand, wodurch die ganze Stadt Lissabon so namhaften Schaden erlitten, hat ein nicht geringes Betrübnis bei unseren Kaufleuten verursacht. Viele unter denen, welche nach gedachter Stadt handeln, sind noch spät am Abend bis 11 Uhr auf der Börse versammelt gewesen. Es kann nicht fehlen, man wird den Schaden dieses Unglücks auch hier empfinden, weil die Handlung nach Lissabon eine von denjenigen ist, welche sich hier bishero noch am besten erhalten hat.« Die Sorge der Handelsherren und Bankiers war groß. Aus Venedig meldet man, daß man dort wie in Livorno, Rom und anderen italienischen Handelsplätzen »gegen alle daher eingelaufene Wechselbriefe protestiert, allein, da die Englische Nation, die sich wirklich zu Lissabon befindet, diese Wechselbriefe angenommen, so ist das Commercium hierdurch wieder fast in solchem Stande, wie es vor dem 1. November (...) gewesen ist«.

Auch das Mitgefühl bemißt sich nach Besitz und Kreditwürdigkeit, wie ein Brief aus Lissabon vermuten läßt: »Kapitalisten, so 100 000 reich gewesen, hatten keinen Hut auf ihrem Haupte und der Anblick war höchst betrübt, da so viele Menschen ohne Kleider und Schuhe, teils in leichten Schlafröcken und teils nur eben im Hemde zu sehen, indem sie alle mehr auf ihr Leben, als auf ihre Bedeutung bedacht gewesen. Alles ist verloren, außer Gold und Silber, das man auszugraben angefangen hat ...«

Nach frommen oder berechnenden Erwägungen bemessen sich auch die ersten Handlungen, mit denen man auf die Nachrichten zu reagieren versucht. In einigen deutschen Städten ordnen die Pastoren zusätzliche Gebetsstunden an. Die Kaiserin Maria Theresia verbietet wegen des Erdbebens die Karnevalsveranstaltungen in ganz Österreich. Friedrich von Preußen, der von seinen Gesandten genauere Berichte über die Auswirkungen auf den Handel anfordert, verspottet den österreichischen Geschäftsträger wegen dieser Maßnahmen. In seinem Tagebuch notiert der Reichsgraf von Lehndorff unter dem 11. 1. 1756: »Der König neckt den Grafen Pueblo weidlich damit, daß die Kaiserin wegen des Erdbebens von Lissabon die Karnevalsbelustigungen verboten hat. Er meint, es sei besser im Domino als unter dem Kruzifix zu sterben.«

In London ist man von solchen Erwägungen frei und denkt praktisch. Der König ersucht das Ober- und Unterhaus um Unterstützung, die bereitwillig gewährt wird. Das Parlament genehmigt zur raschen Hilfe 100 000 Pfund Sterling, und der König gibt aus eigenen Mitteln noch einmal 50 000 Pfund Sterling dazu. Ebenso bezeichnend für den Handel im großen Rahmen und den weitsichtigen Blick war die Reaktion an der Börse. Selbstverständlich ist ein Land, dessen Reichtum in gediegenem Gold und in Diamanten aus Brasilien kommt, schnell wieder zahlungsfähig, man wird aufbauen und dabei englische Waren brauchen. Also protestiert man die Wechselbriefe nicht, sondern akzeptiert sie, um den Handel so rasch wie möglich wieder zu normalisieren.

Dennoch lagen Portugal und die iberische Halbinsel fern von den europäischen Nachrichtenwegen. Auf das Erdbeben war eine Flutwelle gefolgt, auch Hafen und Schiffe waren in Mitleidenschaft gezogen, und es dauerte Wochen, bis die Nachricht nach Amsterdam und dann sehr rasch nach Paris und London kam, sich über Europa verbreitete und wie kein anderes Ereignis seit Menschengedenken auch die Gemüter und die Meinungen der Menschen bis in die Grundfesten erschütterte.

Goethe, der sich erinnerte, wie die gräßlichen Nachrichten von diesem »Weltereignis« und die Ratlosigkeit der Erwachsenen »die Gemütsruhe des Knaben zum erstenmal im tiefsten erschüttert« hatten – er war sechs Jahre alt –, deutet auch die Folgen an: »Hierauf ließen es die Gottesfürchtigen nicht an Betrachtungen, die Philosophen nicht an Trostgründen, an Strafpredigten die Geistlichkeit nicht fehlen« (*Dichtung und Wahrheit*, 1. Teil, 1. Buch). Und der Korrespondent der *Erlangischen gelehrten Anmerkungen und Nachrichten* klagt aus Paris: »Daß die Erdbeben große Landplagen sind, erhellet unter anderem aus der Menge schlechter Schriften, die sie in allen Gegenden des Erdbodens erzeugen, und über die auch in dem gegenwärtigen Jahre so manche Presse seufzet.«

Was war geschehen? Die erste Nachricht, die über Paris nach Deutschland gekommen war, lautete folgendermaßen: »Am Tage Allerheiligen, des Morgens um 9 Uhr fühlte man durch ganz Portugal und hauptsächlich in der Hauptstadt Lissabon ein solches erschreckliches Erdbeben, als jemals in irgend einem Weltteile gewesen ist. Diese Stadt, welche die reichste in ganz Europa war, welche alle Nationen mit Diamanten versahe, wo fast nichts als Gold im Schwange ging, ist gegenwärtig nichts als ein Steinhaufen, worunter mehr als 30 000 Menschen lebendig begraben wurden …«

»Das Erdbeben erfolgt gleich nach einem Orkan, welcher ein erschreckliches Seewasser verursachte, das den Tajo unglaublich hoch aufschwellte. Zu gleicher Zeit barsten die Haustüren und sprangen aus ihren Angeln; auch die Mauern und Erker stürzten ein. Kurz, es schien, als ob der jüngste Tag gekommen sei und kein Stein auf dem anderen bleiben sollte. Diejenigen, welche noch im Schlafe lagen, wurden durch die heftige Erschütterung ihrer Häuser und durch das Einstürzen der Wohnungen ihrer Nachbarn fürchterlich aufgeweckt und versuchten, sich mit der Flucht zu retten; allein die meisten wurden in ihren Häusern elendig zerschmettert. Die aber, welche bei dieser großen Not noch das Glück hatten, auf die Gasse zu gelangen, flohen aus der Stadt.«

»Das Fürchterliche dieses traurigen Anblicks läßt sich nicht mit Worten beschreiben. Männer und Weiber, Vornehme und Geringe liefen halbnackend, halb bekleidet, zitternd durcheinander. Die vornehmsten Herrn und Damen waren in ihren Unterkleidern geflüchtet und die Angst hatte ihnen nicht erlaubt, an ihre Kleider zu denken. Wohin man die Augen wendete, sahe man Häuser einstürzen und unter derselben Ruinen eine unzählige Menge Menschen begraben. Ja wenn man bei dieser Umkehrung der ganzen Natur, bei vollen Sinnen und Verstand geblieben wäre, so hätte man keinen Ort der Sicherheit ausdenken können, da man den Tod von allen Seiten mit offenen Augen sahe … Das Blutbad bei Einnehmung einer Stadt, mit stürmender Hand, ist so erschrecklich nicht, als das Erdbeben, das man hier ausgestanden hat … Diese schreckliche Verwüstung ist in weniger als 10 Minuten geschehen.«

Ein Schreiben aus Lissabon, das in Wien veröffentlicht wurde, schildert weitere Einzelheiten: »Ich brachte sechs ganze Stunden zu, bis ich das Haus eines meinigen Freundes erreichte, so eine Meile von Lissabon entlegen ist, denn ich war gezwungen wohl hundertmal zu rasten, indem ich über lauter eingestürzte Mauern, und tote Leichname, auch zum Teil sterbende Leute zu steigen und durch viele Straßen zu wandern hatte, in welchen die Häuser beiderseits den Einfall droheten, wodurch ich wohl zu tausend malen mein Leben zu verlieren in Gefahr geriete. Ich hatte auf allen Wegen greuliche Anblicke, Männer, Weiber und

Kinder, teils sterbend, teils an ihren Gliedern gestümmelt, mit Blut und Staub bedecket, erfülleten die Luft mit entsetzlichem Geschrei und vermehrten also den unbeschreiblichen Schrecken.«

Das sind die Berichte der Augenzeugen. Das Fassungsvermögen der Leser wurde durch solche Schilderungen überfordert. Die Einbildungskraft wurde erhitzt, der Glaube an Gott und eine gerechte Weltordnung war erschüttert, die Phantasie wütete in Schreckbildern, und man war zu fern, um Hilfe zu leisten. So rettete sich mancher, der das Trauma nicht tätig abarbeiten konnte, in eine künstliche Welt und faßte sein Entsetzen in Reime. Eine ungenannt bleiben wollende, hohe ausländische Persönlichkeit fühlt sich von »wahrem Dichter-Feuer« ergriffen und läßt in die *Frankfurter Gelehrten Anzeigen* die Äußerungen seines gerührten Herzens rücken, die wir nur im Auszug mitteilen können:

O! Wer ist stark genug, bei so viel Schrecken-Bildern,
Zu Asche und Ruin das Elend abzuschildern? (...)
Die Tempel sinken fort, Paläste stürzen ein,
Und bei entsetzlichem, mit Blitz vermischtem Krachen
Viel Tausend wirft ein Stoß halblebend in die Gruft.
Was hilft es, daß man hier nach Rettung kläglich ruft?
Dort, unter jenem Schutt von eingestürzten Steinen,
Sind die nicht wirklich tot, zerquetscht an Arm und Beinen?
Man hört nichts in der Luft als Ach und Trauer-Ton.
Hier hat ein alter Greis an seinem einzigen Sohn,
Der seine Hoffnung war, der ihm zum Trost geboren,
Die Stütze seines Stamms, des Alters Stab verloren.
Dort weint der Bräutigam um seine holde Braut,
Wenn die Verlobte hier den Bräutigam tot beschaut.
Ein halberschlagner Freund ruft seinen Freund vergebens,
Und bittet schmerzensvoll um Rettung seines Lebens.
Umsonst bemühet sich ein höchst erschrockner Mann,
Ob er ein schwangres Weib und Kinder retten kann.
Er eilt bestürzt herbei, umringt von Unglücks-Wettern.
Nun kommt ein neuer Stoß. Man sieht ihn mit zerschmettern ...

Wer kann es ungerührt und ohne Tränen lesen:
Wo gestern Lissabon, die schöne Stadt, gewesen,
Erblickt man heute nichts als Schutt und Wüstenei.
O! welcher Jammer-Stand! o, welches Angst-Geschrei.

Der »Jammer-Stand« ist der Stand des Menschen in einer unsicheren Welt, die vergessene Conditio humana. Die Bilder sind die des Trauerspiels, Menschen, die sich nahe stehen, müssen ihrem Untergang ins Auge blicken, ohne einander helfen zu können. Wenn es ein Schicksal ist, so vermag man weder Gerechtigkeit noch Schuld zu erblicken. Die Bilder gehen in ein erzwungen Gewaltiges, drehen im Leeren und verfehlen die erzielte schwierige Stilart des Erhabenen. Der Einfluß von Miltons *Verlorenem Paradies* und seinen mäßigen deutschen Übersetzern ist hier zu spüren. Aber die Wut, Verse zu machen, sich einer Gewalt von Eindrücken, der man ausgesetzt ist, symbolisch zu erwehren, ist stark und überwältigt manch einen, der sich das nicht zugetraut hätte, gleichwohl vor der Veröffentlichung nicht zurückschreckt, ja sie manchmal noch durch Kommentare und Anmerkungen seinem an gelehrte Lektüre gewohnten Publikum näher zu bringen versucht und gleichwohl pflichtgemäß über das Veröffentlichen klagt.

Herr Gottsched läßt das Reimen nicht

In der Leipziger Zeitung vom 6. Dezember findet sich das Gedicht eines Ungenannten, das Gottsched sogleich in seine Zeitschrift *Neuestes aus der anmuthigen Gelehrsamkeit* übernimmt:

Das prächtige Lissabon hieß lange schön und groß;
Doch eine halbe Viertelstunde
Verwüstet solches bis zum Grunde. (…)
Man sieht's, und alle Glieder zittern
Und wie bei schweren Ungewittern

Der bange Vogel scheu in Feldern sich verkriecht;
So flüchten König und Vasallen,
Da die Palläste stürzend fallen. (...)
Wer lebet und denkt, daß ihn auch treffen kann,
Was dort in Portugal geschehen?
Ein solches Elend anzusehen
Greift auch die härtesten und kältsten Seelen an.

Das ist nicht gänzlich ohne Poesie, so sehr die Reime auch klappern, aber es reicht in seiner Ausschöpfung der Moral dem Literaturpapst Gottsched noch lange nicht. Deshalb ergänzt er es durch eigene Verse:

O Herr! vor dessen Wink auch Fels und Berge beben,
Von dessen Odem sich auch Flut und Wellen heben,
Wie schrecklich ist dein *Zorngericht*!
Es kostet dich dein viertelstündig Wetter,
So sinkt die Welt! und wo ist dann ein Retter?
Und du, o Mensch, erzitterst nicht!
Ihr Spötter schweigt! Laßt ab von eurem Hohne
Gott schlägt das Haupt, und ganz Europa bebt!
Ihr stolzen Städte zagt! und merkt's an eurer Krone;
Wer weiß, wann euch sein *Zorn* in Schutt und Graus begräbt?
Nicht Lissabon allein hegt Sünder:
Wen dieser Fall nicht lehrt, dem droht sein Grimm nicht minder.

Die Strafpredigt erhöht den Prediger, der sich selbst hier nicht ausdrücklich zu den Sündern rechnet, über deren Gemeinde. Wenn sonst als einzelne Erziehungsmaßnahme Blitz und Donner von der pietistischen Pädagogik, vor allem zarten Kinderseelen, vorgehalten wurden, dann wird hier als allgemeines Strafgericht das Erdbeben angedroht. Das 18. Jahrhundert ist sehr viel mehr ein moralisierendes als ein aufklärendes Jahrhundert. Das war Erbe der Theologie, und in Ermangelung einer politischen Auseinandersetzung auch zunächst das einzige, was der Bürger dem regierenden Adel gegenüberstellen konnte.

Dieses Moralisieren greift tief in das Alltagsleben wie in die Kunst hinein. Johann Christoph Gottsched (1700–1766) ist der Nachwelt vor allem durch Lessings Polemiken noch als Name vertraut. Der junge Lessing hat so mächtig auf Gottsched und dessen beherrschende Stellung im literarischen Betrieb eingedroschen, daß es unvergessen blieb. Dabei wirkte zum Beispiel das Mißverständnis der moralischen Schuld in der Motivierung des tragischen Konfliktes noch lange nach, und wir begreifen aus der Erörterung des Trauerspiels, das man sich nicht ohne persönliches Verschulden denken konnte, die Reaktion auf eine Naturkatastrophe, die man moralisieren mußte. Um sich die tragische Verstrickung des *Ödipus* von Sophokles zu deuten, sucht Gottsched einen moralischen Fehler: »Denn hätte er nur niemanden erschlagen, so wäre alles übrige nicht erfolget. Er hätte sich aber billig vor allen Totschlägen hüten sollen, nachdem ihm das Orakel eine so deutliche Weissagung gegeben hatte. Denn er sollte billig allezeit gedacht haben: Wie? wenn dies etwa mein Vater wäre!« (*Versuch einer Critischen Dichtkunst*, 4. Aufl., 1751, S. 607).

Man sucht bei diesem Verfahren die allgemeine Fabel zu einem moralischen Lehrsatz, und den hat man in der theologischen Deutung göttlicher Strafgerichte stets bereit. Aber die *Frankfurter Gelehrten Anzeigen* sind in ihrem Jahresrückblick Ende 1755 um nichts besser:

Dem Blitze gleich, der einen Augenblick
Die Luft durchstreift, ein sichres Haus entzündet,
Das Land verheert, die Völker schreckt, und schwindet;
So fliehst du Jahr, zur Ewigkeit zurück.
Europa blickt, mit zagendem Entsetzen,
Hin zum Olymp, und seufzt dir weinend nach
Und kniet vor Gott, der ihm dies Urteil sprach,
Es einst durch dich in Todesfurcht zu setzen.
Es fühlt noch itzt des Rächers schweren Schlag;
Es tönt noch itzt von jammervollen Klagen;
Es wird ein Jahr dem anderen sagen:
Der Zorn des HERRN entbrannt' auf diesen Tag!

So lang die Welt und die Geschichte dauern,
So lang ein Christ, ein wahrer Mensch noch lebt,
Wird man das Jahr, da Portugal erbebt,
Den Schlag, der ganz Europa traf, bedauern.

Das ist die kleine deutsche Welt vor dem Siebenjährigen Krieg (1756–1763), der seinerseits die lange gefügten Meinungen durcheinanderbringen wird. Hier spricht man noch im Plural von ›den Geschichten‹, die auch die Überlieferungen sind, und noch kaum von ›der Geschichte‹, die nicht nur Summe der Begebenheiten ist, sondern selbst als handelndes Subjekt erscheint. Die Erfahrung ist eingeschränkt auf den Bereich des privaten Handelns, und beurteilt von dessen Tugenden und Lastern aus den Lauf der Welt und auch die Natur. Alles ist Zeichen und trägt Bedeutung, und gilt als Lohn oder als Strafe und schließlich als Drohung des Weltendes. Das ist das überlieferte Denken, in welchem viele noch bis über den Hals drinstecken.

Töne des Erhabenen

Man kann noch fast ebenso tief in diesen Vorstellungen stecken und doch versuchen, sie aus der moralischen Nutzanwendung in die Sphäre erschütterter Betrachtung großer Bilder zu heben. Einer der Zeitgenossen, dem das Ereignis wider Willen Verse abnötigte, ist der junge Arzt Johann Georg Zimmermann (1728–1795), der später zum Popularphilosophen und Schriftsteller (›Vom Nationalstolz‹, 1758; ›Über die Einsamkeit‹, 1784) wurde und gerade eine Biographie des Arztes und Dichters Albrecht von Haller geschrieben hatte. So entschuldigt er sich: »Eine unabtreibliche Menge elender Skribenten gehöret auch hauptsächlich zu den großen Übeln, die von den ungewöhnlich starken Erdbewegungen, eine Zeit her, in die Welt gebracht worden.« Und: »Schmeissen ja die erhabensten Genies erst ganze Stösse von Gedichten ins Feuer, eh sie es nur wagen, bloß einige Zeilen, von ihrer Arbeit bekannt zu machen!«

Wann in des Alles Raum der Welten Kräfte wanken,
Und die Natur verwirrt die alte Bahn verläßt;
Wann der Zerstörung Bild aus tausend Sonnen strahlet,
Die sich zum öden Nichts in Labyrinthen drehn,
Wann sich der Himmel neigt, wann Jesus im Triumphe
Zur Erde wieder kehrt, und vor ihm her der Sturm,
Gewitter hinter ihm, Gericht und Straf verkünden;
Dann wird ein banger Graus durch alle Völker gehn,
Und jedermann erstaunt mit seinem Schicksal ringen:
So starrte Lisbons Volk, da aus des Abgrunds Bauch
Vom Reich des Mittelpunkts ein neuer Donner rollte,
Der seine Mauren stürzt, die Sonne dunkel macht,
Und ganz Iberien bei jedem Schlag erschüttert (...)

Vorstellungen vom Jüngsten Gericht und allen Schrecken der Natur werden verbunden mit der Kritik des weltlichen Glanzes der reichen Stadt Lissabon und, bei manchen Protestanten, mit der Kritik der katholischen Kirche, der Jesuiten und der Inquisition, die gerade an diesem Tage Allerheiligen sich zum Gericht versammeln wollte:

Der Priester ehret hier beim festlichen Altare
Mit tiefgehohltem Ernst den selbsterfundnen Gott,
Und alles Volk beugt sich mit heiligem Gemurmel:
Da plötzlich, wiederholt, ein grausenvoll Geknall
Durch die Gewölbe rollt und tausend Tempel fallen.

Eine Anmerkung erläutert, daß es mit den tausend Tempeln doch figürlich gemeint sei und gibt die genauen Zahlen: 20 Männer-, 18 Nonnenklöster, 40 Kirchen ..., ehe über Heuchelei, Ablaß und die mit der Inquisition einhergehende religiöse Unbildung und Lasterhaftigkeit (Ladron y puta à lo divino) hergezogen wird. Dann die zarteren Bilder raschen Abschieds von Fliehenden und Sterbenden gegen die gewaltsamen Szenen der Natur:

Ein donnerndes Geräusch erfüllet die Ruinen,
Die Hügel wälzen sich von ihrer Stelle weg,
Gebirge rollen selbst in die verheerten Täler,
Und Erd' und Meere fliehn entsetzt in sich zurück. (...)
Die Wellen sträuben sich in steile Pyramiden,
Die bald der Sturm zerreißt, bald himmelhoch erhebt,
Und rauschen fürchterlich in die bestürzten Scharen. (...)
Gleichwie den Ozean ein schreckendes Gebrause
Vom fernen Ufer dem Wandersmann verkündet;
So schallet durch den Schutt versunkener Palläste
Ein ängstliches Geheul durch Lißbons Hügel hin;
Umsonst erhebet sich gequetschter Menschen Flehen
Die zitternd durch die Kluft, wo mancher lebend noch
Ein traurig Grab bewohnt, dem Licht entgegenschnappen;
Umsonst schreien andere: Schenkt, Freunde, uns den Tod,
Der einzig glücklich macht? Ein Schauer von Verzweiflung
Durchwallt den furchtbarn Pfuhl der umgestürzten Stadt!

Dann geht es auf den König und die Großen dieser Erde. Ihre Nichtigkeit wird der höheren Gewalt gegenüber deutlich, und das steigert das Pathos des Dichters, der mit bescheidenen Gaben doch von oben auf die Welt herunterzublicken versucht. Die Bedingungen für das Gefühl des Erhabenen, das in diesen Jahren psychologisch erklärt wird (Burke, ›A Philosophical Inquiry into the Origin of our Ideas of the Sublime and the Beautiful‹, 1756; Kant, ›Beobachtungen über das Gefühl des Schönen und Erhabenen‹, 1764), sind gegeben. Wie einem Zuschauer, der vom sicheren Land aus den Schiffbruch auf sturmgepeitschten Wogen betrachtet, erschüttert und erhoben von der Größe der Natur, so stellte sich den Zeitgenossen in der Ferne das ungeheure Geschehen dar. Man fühlte sich klein angesichts der Bedrohung, und doch wieder groß, weil man das Gewaltige in der Empfindung als erweiternd und den Blick auf den Urheber solcher Ereignisse ziehend wahrnahm. Ja, es war in dieser Zeit geringer Bewegungen ein physiologischer Reiz, und nicht lediglich ein psychologischer.

Voltaire klagt die falschen Freunde an

Eine europäische Großmacht von kaum geringerem Einfluß als England war Voltaire. Er wirkte durch Worte. Er bildete Stil und Meinungen, und wenn ihn etwas bewegte, so übertrug er das in Versen oder Prosa auf das europäische Publikum. Ihn erreichten die Schreckensnachrichten in seiner Villa *Les Délices* bei Genf, wo er sich sicher glaubte vor bösartigen Kritikern und launischen Fürsten, die ihn verbannen, verfolgen oder verhaften lassen könnten, sicher auch vor dem eigenen Ehrgeiz, es am Hofe Frankreichs oder ihn bewundernder Fürsten zu etwas bringen zu wollen. Er führte sein Leben als Grundherr und »Patriarch«, der sich, wie es ein moderner Abgeordneter tun sollte, tatkräftig für seine Bauern und Uhrmacher einsetzte.

Unrecht und Gewalt, und wurden sie dazu noch durch religiösen Fanatismus hervorgerufen, setzten ihn in maßlose Erregung. Er war dann tagelang körperlich krank, selbst wenn das Unrecht lange vergangen schien, wie die Bartholomäusnacht, das Gemetzel an französischen Protestanten im Jahre 1572, oder die Ermordung des guten Königs Heinrich IV. im Jahre 1610. So etwas griff ihn wie ein Fieber an, und er mußte sich als Schriftsteller wehren, mit Worten, die treffen sollten. Erlitten zudem Menschen ein Unrecht, die sich nicht selbst verteidigen konnten, so brachte ihn das außer sich, und er entfesselte als »Anwalt der verlorenen Sachen«, wie er sich selbst nannte, publizistische Kämpfe, die an das Mitgefühl und an das verletzte Rechtsbewußtsein des europäischen Publikums und seiner Fürsten appellierten. Aber er brachte auch die Mittel auf, um einen teuren Revisionsprozeß zu finanzieren oder die Opfer des Unrechts, die Hinterbliebenen eines Justizmordes, großzügig zu unterstützen.

Die Nachrichten aus Lissabon waren erstaunlich rasch in Genf eingetroffen, schneller als in Amsterdam und Paris. Schon am 24. November schreibt Voltaire unter dem unmittelbaren Eindruck der Neuigkeit an seinen Bankier Tronchin in Lyon.

Er ist so erregt, daß er versehentlich auf die Adresse statt Lyon ›Lisbonne‹ schreibt, was er dann durchstreicht und verbessert:

»Da sehen Sie, mein Herr, wie grausam die Natur ist. Man wird Mühe haben, zu erraten, wie die Gesetze der Bewegung so entsetzliche Verwüstungen in der *besten aller möglichen Welten* anrichten. Tausend Ameisen auf einen Schlag in unserem Ameisenhaufen zerquetscht, und die Hälfte gehen gewiß in unsäglicher Angst inmitten dieser Trümmer unter, aus denen sie keiner retten kann: ruinierte Familien am Rande Europas, und das Vermögen von hundert Kaufherren Ihres Landes in den Ruinen von Lissabon versunken. Welch trauriges Spiel des Zufalls ist doch das Spiel des menschlichen Lebens! was werden die Prediger sagen, vor allem falls der Palast der Inquisition noch steht? Ich schmeichle mir in der Hoffnung, daß zumindest die ehrwürdigen Patres der Inquisition ebenso wie alle anderen zerquetscht worden sind. Das sollte die Menschen lehren, die Menschen nicht zu verfolgen, denn während einige verdammte Schufte ein paar Narren verbrennen, verschlingt die Erde die einen wie die anderen.

(...) Ich denke, daß die Gebirge uns vor den Erdbeben bewahren. Guten Tag, mein Freund, teilen Sie mir bitte die Folgen dieses schrecklichen Abenteuers mit. V.«

Nicht nur der Kinderglaube des sechsjährigen Johann Wolfgang Goethe in Frankfurt, sondern auch das Vertrauen in eine sinnvolle, zuverlässige Ordnung der Dinge bei dem welterfahrenen Schriftsteller Voltaire, der gerade sein einundsechzigstes Lebensjahr vollendet hat, ist erschüttert. Das soll die beste aller möglichen Welten sein?! Da verbrennt man die Menschen um ihrer närrischen Dogmen willen, während die Erde sich öffnet, um Rechtgläubige wie Ungläubige zu verschlingen!

An wem soll er seinen Schmerz, seine Wut, seinen Zorn auslassen? Die Natur hält nicht, was man sich von ihr versprochen hat. Der gerechte Gott, den die Pastoren predigen, scheint sich von dieser Welt abgewandt zu haben. Soll man Gott anklagen, oder dessen falsche Freunde, die den Menschen unwahren Trost spenden und eine verlogene Weisheit einreden? Sein »Gedicht über das Erdbeben von Lissabon« schildert weniger die Begebenheit, als daß es ein vermeintliches ›Axiom‹ untersucht: Alles ist gut. Die Deutung der Welt steht in einem offensichtlichen Mißverhältnis zum Schicksal der einzelnen Menschen, und dadurch gewinnt sein Lehrgedicht eine klarere Linie:

O unglückselige Menschen, bejammernswerte Erde!
O aller Sterblichen erschreckendes Gemenge!
Unsinniger Leiden unaufhörliche Qual!
Betrogene Philosophen, ihr schreit: »Alles ist gut!«
Kommt her und seht die gräßlichen Ruinen,
Die Trümmer, Fetzen, jammervolle Asche,
Die Fraun und Kinder in Massen durcheinander,
Verstreute Glieder unter Marmortrümmern (...)

Trotz der Beschwörung der Bilder des Grauens ist es Voltaires Sache, die Deuter der Welt, die Meinungsmacher zur Verantwortung zu ziehen, Hiobs falsche Freunde. Die Prediger sind sich mit den Popularphilosophen sehr viel einiger als es scheinen mag. Wenn der Streit um einzelnes geht, so sind doch Grundüberzeugungen auf allen Seiten, die jetzt vor den Tatsachen nicht bestehen können:

Bei dem entstellten Schrei'n der Stimmen Sterbender,
Dem grauenvollen Anblick ihrer rauchenden Asche
Behauptet ihr: Es ist die Wirkung ewiger Gesetze
Nach eines gütigen Gottes freier Wahl?
Behauptet ihr, im Anblick dieser Opfer:
Gott rächt sich, und ihr Tod ist ihrer Sünde Sold?
Welches Verbrechen begingen diese Kinder,
Blutig zerschmettert an der Mutter Brust?
Gab es in Lissabon, das nicht mehr steht,
Mehr Sünden als im sündigen London und Paris?

Was sind die Gründe für den erschreckenden Tatbestand und das offensichtliche Unrecht:

Lisbonne est abîmée, et l'on danse à Paris.
(Lissabon ist versunken und man tanzt in Paris.)

Worin liegt der Sinn des Ganzen, der Trost, daß der einzelne für das Glück der Welt zugrunde geht?

»Alles ist gut«, sagt ihr, »und alles ist notwendig.«
Was? Die Welt im Ganzen, ohne den Höllenschlund,
Der Lissabon verschlang, sei weniger gut gewesen?
Seid ihr gewiß, daß die ewige Ordnung,
Die alles tut, weiß und für sich erschafft,
Uns auf die traurige Erde nicht hätte werfen können,
Ohne Vulkane uns unter den Füßen zu entzünden?

Hier kommt ein wunderbares Sicherheitsgefühl und Bedürfnis des aufklärenden Jahrhunderts zum Ausdruck. Eine gerechte Weltordnung könnte doch die Dinge weise und nach den Lebensbedingungen des Menschen einrichten, wenn sie allmächtig ist? Nicht ganz ohne Ironie nimmt Voltaire in der Erörterung für einen Augenblick die naheliegendste Stellung für das damalige Denken ein, die des gehorsamen Untertanen, der seinem Souverän eine Supplik überreicht:

Ich bitte, nichts für ungut, untertänig,
Daß dieser Schlund von Schwefel und Salpeter,
Doch in der fernsten Wüste angezündet werde.
Ich achte meinen Gott, doch liebe ich die Welt.
Und wenn der Mensch beim Grauen wagt zu Seufzen,
So ist es Hochmut nicht, Ach! es ist Empfindung.

Die Philosophen wie die Dichter hatten sich darin überboten, den Zusammenhang des Ganzen zu beschwören und zu verherrlichen. »The Great Chain of Being«, die Kette der Wesen, die nach einer Metapher Homers Zeus in der Hand hält, war eine Lieblingsvorstellung dieses Denkens. Aber was weiß man schon von ihr bei der genauer eindringenden Arbeit der Naturforscher, die neue Einzelheiten liefert? Ist der Mensch mit den anderen Lebewesen so verbunden, nur dem Grade, aber nicht dem Wesen nach verschieden? Dem konnten Theologen oder aber Naturforscher widersprechen, die nach den fehlenden Zwischengliedern suchten. Wie war aber die moralische Stellung des Menschen in diesem Universum?

Ich bin vom großen All doch nur ein schwacher Teil:
Ja; und was sonst verdammt zum Leben,
Fühlende Wesen, unter gleichem Gesetz geboren,
Leben im Schmerz und sterben so wie ich. (...)
Ihr schreit »Alles ist gut« mit jämmerlicher Stimme,
Die Welt straft Lügen euch, und euer eignes Herz
Hat diesen Irrtum hundertmal verneint.
Tier, Mensch und Elemente stehn im Krieg.
Man muß gestehn, das *Übel* ist auf Erden:
Wir wissen nicht warum? woher es stammt?
Hat, der das Gute schuf, das Übel mitgeschaffen? (...)

Die Frage nach dem Ursprung des Übels in einer Welt, die doch so gut erscheint und in der man sich wohl fühlen möchte, war zu einer der wichtigsten Fragen geworden. Und zwar immer noch sowohl eine historische wie eine metaphysische Frage. Die historische Frage fand keine wirkliche Antwort, aber doch eine Erzählung im Sündenfall, in der Vertreibung aus dem Paradies, und es war kein Zufall, daß dem lesenden Publikum des 18. Jahrhunderts immer noch Miltons *Verlorenes Paradies* als größtes Epos vor Augen stand. Aber man las es nicht als Poesie, sondern als Deutung der menschlichen, geschichtlichen Welt. Den Abfall Luzifers und seiner Engel zum Bösen, die Verführung der ersten Menschen, Evas durch die Schlange und Adams durch sein Weib, sah man als Deutung der irdischen Welt. Und die Aussicht auf Erlösung ebenfalls, wobei man sich nicht so sicher war, ob sie eigentlich schon hätte geschehen und Folgen zeitigen müssen, oder ob sie doch eher ein Versprechen auf die Zukunft war, auf Gnade vor Recht beim Jüngsten Gericht ... Das Jahrhundert ist durchwirkt von dieser Vorstellung. Die Gebildeten sind in der Regel, selbst mit theologischer Bildung und kirchlichen Pfründen, längst nicht mehr gläubig. Und doch sind diese Bilder nicht völlig ersetzt. Selbst in der philosophischen Debatte kann man von harmonisierenden Lösungsvorschlägen, die sich mit dem Namen Leibniz und dem ›Optimismus‹ verbinden, zu Pierre Bayle zurückkehren, der die Conditio humana düsterer gezeichnet hatte.

Bayle gegen den Optimismus

Voltaires »Gedicht über das Erdbeben von Lissabon« ist ein philosophisches Gedicht und noch mehr ein Protest gegen die geltende Philosophie, die ihm selbst so teuer war. So kommt er auf eine alte Frage zurück:

> Wie einen Gott sich denken, der, die Güte selbst,
> Den Kindern, die er liebt, die Gaben spendet,
> Und doch mit vollen Händen Übel auf sie gießt?

Damit wird das Denken nicht fertig. Es entsteht ein wirkliches Dilemma zwischen der Güte und Vollkommenheit Gottes und dem Übel in seiner von ihm geschaffenen Welt. Das ist kein Problem erst des Christentums, sondern jeder metaphysischen Deutung der Welt. In der antiken Philosophie hat Epikur (341–270 v. Chr.) es auf eine unüberbietbar klare Formel gebracht, die durch den lateinischen Theologen Laktanz für die Nachwelt überliefert wurde: Die Frage ist, kann Gott das Übel in der Welt beheben; vier Antworten sind logisch möglich:

> Wenn er es will und nicht kann, ist er unfähig, was für Gott nicht zutrifft;
> wenn er kann und nicht will, ist er bösartig, was Gott auch fern liegt;
> wenn er weder will noch kann, ist er sowohl bösartig als auch unfähig und deshalb nicht Gott;
> wenn er es aber will und kann, was allein Gott zukommt, woher kommt dann das Übel? Oder warum behebt er es nicht?

(si vult et non potest, inbecilis est, quod in deum non cadit. si potest et non vult, invidus, quod aeque alienum a deo. si neque vult neque potest, et invidus et inbecilis est, ideo nec deus. si et vult et potest, quod solum deo convenit, unde ergo sunt mala? aut cur illa non tollit? *Epicurea*, hg. v. Hermann Usener, Frg. 374; nur lat. überliefert bei Laktanz, *Über den Zorn Gottes, De ira Dei*, 13, 19).

An der lateinischen Fassung erkennt man, daß das Lateinische eine Sprache für Inschriften ist, knapp und ehern. Spätere Erörterungen konnten dem nicht viel hinzufügen, man hat lediglich versucht, die Negationen aufzuweichen. Das Dilemma erschien unerträglich. Das gilt auch noch für Voltaire. Wie immer ein Deist oder ein aufgeklärter undogmatischer Denker sich das höchste Wesen vorstellen mag, kraft seiner Definition ist es, wie die deutschen Philosophiestudenten auswendig zu lernen hatten, ›ens summum, optimum, maximum‹ (das höchste, beste und größte Wesen). Die Güte ist schon durch die Definition im Begriff enthalten. Die Gnostiker hatten sich durch eine ganze Hierarchie von Göttern geholfen, um ein solches bestes höchstes Wesen weit über der Welt und ihren Mißständen zu lassen, und die Schöpfung oder die unreine Vermischung mit Materie, die das Übel ist und fortzeugt, einem Schelm von Gott zugeschrieben, den sie notfalls dreihundertvierundsechzig Stufen unter diesem Wesen ansiedelten.

In seinem *Philosophischen Wörterbuch* läßt Voltaire es sich natürlich nicht entgehen, diese herrliche Stelle zu zitieren, nach dem Kirchenvater Laktanz, im Artikel: ›Gut (alles ist)‹ (Bien [tout est]). Wenn die Welt so ist, wie sie ist, wie soll man dann den Vorwurf entkräften, daß Gott/die Götter entweder ohnmächtig oder bösartig oder aber beides sind. Denn das Argument, daß alle Formen des Seienden verwirklicht werden müssen, um eine vollkommene Welt zu ergeben, steht im Widerspruch zu dem nicht nur schrecklichen, sondern repetitiven und völlig uninteressanten Übel, das man allenthalben trifft.

So nimmt sich Voltaire in seinem Gedicht über das Erdbeben in Lissabon die Deuter der Welt einzeln vor.

Stumm ist uns die Natur, wir fragen sie vergebens;
Wir brauchen einen Gott, der zu der Menschheit spricht.
Nur er vermag die Schöpfung zu erklären,
Dem Schwachen Trost, dem Weisen Licht zu spenden.
Der Mensch, der ohne Gott im Zweifel, Irrtum bleibt,
Vergeblich sucht ein Schilfrohr er als Stütze.
Denn Leibniz lehrt mich nicht die Fäden zu erkennen,
Die in der bestgeordneten möglicher Welten
Ewige Unordnung, ein Chaos von Unglücksfällen,
Wirklichen Schmerz mit eitlen Freuden mischen,
Erklärt mir nicht, warum Unschuldige
Genau wie Schuldige das Übel leiden.

Ein anderes Bild der Welt stellt sich zwingend dar:

De la destruction la nature est l'empire.
(Die Natur ist das Reich der Zerstörung.)

Das hat Folgen für die Geltung philosophischer Lehren:

Das lern ich aus der Stimme der Natur,
Den Platon geb ich auf, ich folg nicht Epikur.
Bayle weiß mehr als sie beide, zu ihm will ich mich wenden,
Den Zweifel lehrt er mich, die Waage in den Händen.
Weise und groß genug, um ohne System zu sein,
Hat alle er zerstört, und jetzt kämpft er allein.

So wird nicht eine Lehre an die Stelle der anderen gesetzt, ein System der Eitelkeit und Rechthaberei auf den Platz eines anderen, das versunken ist. Man muß die Haltung zur Welt verändern und die vernünftige Erwartung dessen, was man überhaupt wissen kann.

Denn was vermag des Geistes größte Weite?
Nichts: des Schicksals Buch schließt sich vor unserm Blick.
Der Mensch, sich selber fremd, erkennt den Menschen nicht.

Das ist der grundlegende, nicht neue, aber tiefe und aus der Erfahrung geschöpfte Satz dieses Poems:

L'homme, étranger à soi, de l'homme est ignoré.

Der Mensch hat diese Welt nicht geschaffen, weiß von sich selbst nichts, kann nicht sagen, woher er kam und wohin er geht:

Wer bin ich denn, und wo, wohin geht's, woher kam ich?
Atome wirbelnd über dieser Masse Schlamm,
Die Tod verschlingt, nach der kein Schicksal fragt,
Doch denkende Atome, Atome, deren Augen,
Geleitet vom Gedanken den Himmel ausgemessen;
Aus dem Unendlichen erheben wir das Sein,
Doch ohne uns zu sehn, uns zu erkennen.
Die Welt, Schauplatz sowohl von Hochmut und von Irrtum,
Ist voll von Unglücklichen, die das Glück beschwören.

Was bleibt in diesem Schmerz, ist die allerdings köstliche Gabe des Zweifels, das heikle und bescheidene Glück unverdrossener Skepsis. Dafür steht Bayle, der mit keiner Lehre in die Geschichte der Philosophie eingegangen ist, aber mit scharfen Argumenten gegen einfältigen Glauben und angemaßtes Wissen. Wenn die große Ordnung der besten aller Welten in sich zusammenbricht, so muß Voltaire einen bescheidenen Trost zu retten versuchen.

Vergangenheit ist uns nur trauriges Erinnern;
Schrecklich die Gegenwart, wenn's keine Zukunft gäbe,
Wenn Grabesnacht denkende Wesen vernichtete.
»Einst wird es gut sein«, das ist unsere Hoffnung;
»Alles ist gut«, schon jetzt, ist eine Illusion.

Und so bleibt, wie in der Büchse der Pandora, nachdem alle Übel sich auf der Erde verbreitet haben, die Hoffnung.

Erdbeben überhaupt

Voltaire hatte seinen Schmerz ausgesprochen und das kultivierte Europa dadurch aufgerufen, mit ihm die Ansicht von der besten aller Welten zu revidieren. Es sollte an Antworten nicht fehlen. Aber wenden wir uns erst einer anderen Haltung zu, die im fernen Königsberg der junge Philosoph Immanuel Kant (1724–1804) verkörpert. »Selbst die fürchterlichen Werkzeuge der Heimsuchung des menschlichen Geschlechts, die Erschütterungen der Länder, die Wut des in seinem Grunde bewegten Meers, die feuerspeienden Berge, fordern den Menschen zur Betrachtung auf und sind nicht weniger von Gott als eine richtige Folge aus beständigen Gesetzen in die Natur gepflanzt, als andre schon gewohnte Ursachen der Ungemächlichkeit, die man nur darum für natürlich hält, weil man mit ihnen mehr bekannt ist. / Die Betrachtung solcher schrecklichen Zufälle ist lehrreich.«

Mit diesen Worten beginnt seine Schrift *Geschichte und Naturbeschreibung des Erdbebens am Ende des 1755sten Jahres*, Königsberg 1756, die nur wenig bekannt und nicht in die gängigen Studienausgaben aufgenommen ist. Ist das stoische Gemütsruhe, oder gar – wenn er fortfährt, der Mensch habe das Recht »verloren, von den Naturgesetzen, die Gott angeordnet hat, lauter bequemliche Folgen zu erwarten«, um zu lernen, daß »dieser Tummelplatz seiner Begierden« (die Erde nämlich) »billig nicht das Ziel aller seiner Absichten enthalten sollte« – pfäffische Schlauheit, die das Dogma von der besten aller Welten so sehr verinnerlicht hat, daß er statt Trost zu spenden, über die Menschen spottet?

Er ist aber nicht nur Philosoph, der sich erst langsam von der Herrschaft der Theologie und dem, wie er es nennt, »dogmatischen Schlummer« befreien wird, er ist Mathematiker, Physiker und Naturhistoriker. Er erinnert seine Leser daran, daß wir die Oberfläche des Erdbodens einigermaßen kennen, aber von »dem inwendigen Bau des großen Klumpens, den wir bewohnen«, keine deutlichen Kenntnisse haben. Die tiefsten Schlünde,

Pandora, aus deren Gefäß alle Übel auf die Erde fliegen, behält nur die Hoffnung, wie Voltaire am Ende des Gedichts über das Erdbeben von Lissabon. Hier als Emblem eines Verlegers aus Frankreich am Ende des 16. Jahrhunderts.

in welche je Menschen hinabgekommen waren, seien keine 500 Klafter (das sind etwa 900 m) tief, und stehen mithin in gar keinem Verhältnis (d.h. sie sind nicht einmal der sechstausendste Teil) zum Erddurchmesser. Von der Bildung der Erde wußte man nicht viel Gewisses, aber man ahnte die Höhlen und Wölbungen, unterirdische Verbindungen über Kontinente hinweg, und man fand versteinerte Reste von Muscheln und Seetieren auf Bergeshöhen und selbst im Inneren von Gebirgen. Das war auch so eine Tatsache, die das Gemüt der Menschen im 18. Jahrhundert empörte. Denn man wünschte sich nicht nur die menschlichen Dinge, sondern auch die Entstehung von Planeten und der Erde selbst möglichst friedlich und konstruktiv vorzustellen. Voltaire selbst und noch Goethe, der dem eruptiven Plutonismus doch den harmonischeren Neptunismus vorzog, also dem Entstehen durch vulkanische Ausbrüche ein Entstehen durch Meeresablagerungen, nahmen dazu Stellung und versuchten, wie man das auch heute bei solchen Debatten findet, ihre Wunsch- und Ordnungsvorstellungen von der Natur im Großen bestätigt zu finden.

Dabei ging man erst langsam daran, die sehr begrenzten Zeitspannen des biblischen Schöpfungsberichtes (also runde 6000 Jahre) mit den Erfordernissen eines biologischen und geologischen Entwicklungsgedankens zu vermitteln. Und daß man dabei nicht verdoppeln, verdreifachen oder höchstens verzehnfachen mußte, sondern mit größeren Zahlen multiplizieren, das bedeutete eine Revolution, die fast so schwer zu verkraften war wie die kopernikanische.

Für Kant ist deshalb die »Sündfluth« noch ein Datum, auf das man anspielt, so wie sich den Pastoren der Untergang von Lissabon unmittelbar neben den von Sodom stellt. Er zeichnet ein Bild der unruhigen Erde, die von Island mit seinen Geysiren und Vulkanen über das Mittelmeer bis zu den Gegenden am Äquator die Bewohner unseres Planeten »diese Beunruhigung ihres Fußbodens« immer wieder spüren läßt. So verweist er auf die geschäftstüchtigen Holländer, die der Gefahr des völligen Untergangs ihrer Gewürzinseln vorbeugen, indem sie weit davon entfernt eine Pflanzschule der sonst eifersüchtig gehüteten »Muscaten und Würznelken« angelegt haben. Kants Geschichte des Erdbebens ist keine Erzählung der Unglücksfälle (die »würde rührend sein, sie würde, weil sie eine Wirkung auf das Herz hat, vielleicht auch eine auf die Besserung desselben haben können«), sondern eine Beschreibung der »Arbeit der Natur«.

So berichtet er von einem Dampf, den man bei Locarno wahrnahm, der sich in einen roten Nebel verwandelte, woraus ein blutroter Regen entstand, der leimigen Bodensatz fallen ließ. Dann folgten unnatürlich starke Regengüsse, die die Flüsse länger anschwellen ließen. Mineralische und »feuernährende« Materien gerieten zur Entzündung. Die »unterirdische Gährung« kündigte das Unglück an, falls sie auf entzündbare Materien stoße. »Der Augenblick, in dem dieser Schlag geschah«, ließ sich weiträumig berechnen. Was um 9 Uhr 50 Ortszeit in Lissabon zur Katastrophe führte, wurde in Madrid 10 Uhr 17 wahrgenommen. Und die Erschütterung der Gewässer war »von Abo in Finland an bis an den Archipelagus in Westindien« zu bemerken. Selbst vom Meer völlig abgeschnittene Brunnen und Seen gerieten in Wallung bei stiller Luft, in der Schweiz, in Norwegen und Schweden und selbst in Templin in der Mark Brandenburg, worauf später einmal Theodor Fontane im *Stechlin* zurückkommen wird.

»In eben diesen Minuten blieb das mineralische Wasser in Töplitz in Böhmen plötzlich aus und kam blutrot wieder. Die Gewalt, womit das Wasser hindurch getrieben war, hatte seine alten Gänge erweitert, und es bekam dadurch einen stärkeren Zufluß. Die Einwohner dieser Stadt hatten gut Te Deum laudamus zu singen, indessen daß die zu Lissabon ganz andere Töne anstimmten. So sind die Zufälle beschaffen, welche das menschliche Geschlecht betreffen. Die Freude der einen und das Unglück der andern haben oft eine gemeinschaftliche Ursache.«

In Nordafrika, in Südfrankreich, auf Irland und sonstwo fand man zur selben Zeit diese erstaunlichen Phänomene, die erst nach und nach in Zusammenhang gebracht wurden. »Die Geschichte hat kein Exempel von einer so weit ausgebreiteten und in dem Verlauf von wenigen Minuten zugleich gespürten Rüttelung aller Gewässer und eines großen Teils der Erde.« Diese weit auseinander liegenden Phänomene eines Bebens, die verschiedenen Nachbeben, die Richtung der Erschütterungen, die großen Landflächen, auf denen man kein Beben verspürte, all das versucht Kant in einen erklärbaren Zusammenhang zu bringen. Dann folgt ein überraschendes Kapitel.

»Von dem Nutzen der Erdbeben«

Man wird erschrecken, eine so fürchterliche Strafrute der Menschen von der Seite der Nutzbarkeit angepriesen zu sehen. Ich bin gewiß, man würde gern Verzicht darauf tun, um nur der Furcht und der Gefahren überhoben zu sein, die damit verbunden sind. So sind wir Menschen geartet. Nachdem wir einen widerrechtlichen Anspruch auf alle Annehmlichkeit des Lebens gemacht haben, so wollen wir keine Vorteile mit Unkosten erkaufen. Wir verlangen, der Erdboden soll so beschaffen sein: daß man wünschen könnte darauf ewig zu wohnen.« (...)

»Als Menschen, die geboren werden, um zu sterben, können wir es nicht vertragen, daß einige im Erdbeben gestorben sind, und als die hier Fremdlinge sind und kein Eigentum besitzen, sind wir untröstlich, daß Güter verloren worden, die in kurzem durch den allgemeinen Weg der Natur von selbst wären verlassen worden.«

»Es läßt sich leicht raten: daß, wenn Menschen auf einem Grunde bauen, der mit entzündbaren Materien angefüllt ist, über kurz oder lang die ganze Pracht ihrer Gebäude durch Erschütterungen über den Haufen fallen könne; aber muß man denn darum über die Wege der Vorsehung ungeduldig werden? Wäre es nicht besser, also zu urteilen: Es war nötig, daß Erdbeben bisweilen auf dem Erdboden geschähen, aber es war nicht notwendig, daß wir prächtige Wohnplätze darüber erbaueten?

Die Einwohner in Peru wohnen in Häusern, die nur in geringer Höhe gemauert sind, und das übrige besteht aus Rohr. Der Mensch muß sich in die Natur schicken lernen, aber er will, daß sie sich in ihn schicken soll.«

Nun hängt vielerlei in der Natur, was wir für nützlich und notwendig ansehen, mit eben den Ursachen zusammen, die ab und zu die Erde erschüttern, Thermalquellen, die Metalle, der Schwefel, der dazu dient, schädliche Ausdünstungen auszuräuchern, und die Wärme der Erde, die nicht allein durch die Sonne von außen gesichert wäre...

»Wenn sich dieses also verhält, wie man sich denn nicht entbrechen kann es zuzugeben, werden wir uns nicht von diesem unterirdischen Feuer die vorteilhaftesten Wirkungen zu versprechen haben, welches der Erde jederzeit eine gelinde Wärme erhält zu der Zeit, wenn uns die Sonne die ihrige entzieht, welches den Trieb der Pflanzen und die Ökonomie der Naturreiche zu befördern im Stande ist? Und kann uns wohl bei dem Anschein so vieler Nutzbarkeit der Nachteil, der dem menschlichen Geschlecht durch einen und die anderen Ausbrüche derselben erwächst, der Dankbarkeit überheben, die wir der Vorsehung für alle Anstalten derselben schuldig sind?«

Diese Erwägungen über den Haushalt der Natur, worin sich Gewinn und Verlust nach menschlicher Nützlichkeit beurteilt ausgleichen, sind nicht als leidiger Trost gedacht. Es geht um das Ganze der Natur und darum, statt die Natur zu moralisieren und die Handlungen der Politik als Naturgeschehen zu akzeptieren, wohl zu unterscheiden. Daher beendet Kant seine kleine Schrift über das Erdbeben mit einer ›Schlußbetrachtung‹:

»Der Anblick so vieler Elenden, als die letztere Katastrophe unter unseren Mitbürgern gemacht hat, soll die Menschenliebe rege machen und uns einen Teil des Unglücks empfinden lassen, welches sie mit solcher Härte betroffen hat. Man verstößt aber gar sehr dawider, wenn man dergleichen Schicksale jederzeit als verhängte Strafgerichte ansieht, die die verheerte Stadt um ihrer Übeltaten willen betreffen, und wenn wir diese Unglückselige als das Ziel der Rache Gottes betrachten, über die seine Gerechtigkeit alle ihre Zornschalen ausgießt. Diese Art des Urteils ist sträflicher Vorwitz, der sich anmaßt, die Absichten der göttlichen Ratschlüsse einzusehen und nach seinen Einsichten auszulegen.«

»Der Mensch ist von sich selbst so eingenommen, daß er sich lediglich als das einzige Ziel der Anstalten Gottes ansieht, gleich als wenn diese kein ander Augenmerk hätten als ihn allein, um die Maßregeln in der Regierung der Welt darnach einzurichten. Wir wissen, daß der ganze Inbegriff der Natur ein würdiger Gegenstand der göttlichen Weisheit und seiner Anstalten sei. Wir sind ein Teil derselben und wollen das Ganze sein. (...) Was in der Welt zur Bequemlichkeit und dem Vergnügen gereicht, das, stellt man sich vor, sei bloß um unsertwillen da, und die Natur beginne keine Veränderungen, die irgend eine Ursache der Ungemächlichkeit für den Menschen werden, als um sie zu züchtigen, zu drohen oder Rache an ihnen auszuüben.«

»Gleichwohl sehen wir, daß unendlich viel Bösewichter in Ruhe entschlafen, daß die Erdbeben gewisse Länder von je her erschüttert haben ohne Unterschied der alten und neuen Einwohner, daß das christliche Peru so gut bewegt wird als das heidnische, und daß viele Städte von dieser Verwüstung von Anbeginn befreiet geblieben, die über jene sich keines Vorzuges der Unsträflichkeit anmaßen können.«

»So ist der Mensch im Dunkeln, wenn er die Absichten erraten will, die Gott in der Regierung der Welt vor Augen hat. Allein wir sind in keiner Ungewißheit, wenn es auf die Anwendung ankommt, wie wir diese Wege der Vorsehung dem Zwecke derselben gemäß gebrauchen sollen. Der Mensch ist nicht geboren, um auf dieser Schaubühne der Eitelkeit ewige Hütten zu erbauen. Weil sein ganzes Leben ein weit edleres Ziel hat, wie schön stimmen dazu nicht alle die Verheerungen, die der Unbestand der Welt selbst in denjenigen Dingen blicken läßt, die uns die größte und wichtigste zu sein scheinen, um uns zu erinnern: daß die Güter der Erden unserm Triebe zur Glückseligkeit keine Genugtuung verschaffen können!«

Um so wichtiger ist es, das vom Menschen abhängige Handeln vom Wirken der Natur zu unterscheiden. Mit der gebote-

Epikur (341–270 v. Chr.)

Leibniz (1646–1716)

Diderot (1713–1784)

Kant (1724–1804)

nen Vorsicht eines preußischen Untertanen, der kein Recht hat, seine Regierung zu kritisieren, schließt Kant seine Schrift mit einem Appell an seinen König, den sich abzeichnenden Krieg, der später der Siebenjährige heißen sollte (1756–1763), abzuwenden. Denn das stehe in seiner Macht, während wir auf die Naturkatastrophen keinen Einfluß haben:

»Wenn eine Stadt oder Land das Unheil gewahr wird, womit die göttliche Vorsehung sie oder ihre Nachbarn in Schrecken setzt: ist es denn wohl noch zweifelhaft, welche Partei sie zu ergreifen habe, um dem Verderben vorzubeugen, das ihnen droht, und sind die Zeichen noch wohl zweideutig, die Absichten begreiflich zu machen, zu deren Vollführung alle Wege der Vorsehung einstimmig den Menschen entweder einladen oder antreiben?«

»Ein Fürst, der, durch ein edles Herz getrieben, sich [durch] diese Drangsale des menschlichen Geschlechts bewegen läßt, das Elend des Krieges von denen abzuwenden, welchen von allen Seiten überdem schwere Unglücksfälle drohen, ist ein wohltätiges Werkzeug in der gütigen Hand Gottes und ein Geschenk, das er den Völkern der Erde macht, dessen Wert sie niemals nach seiner Größe schätzen können.«

So endet diese Schrift, die naturwissenschaftliche Betrachtung mit philosophischer Reflexion zu verbinden sucht. Einzelne Argumente sind denen ganz erstaunlich ähnlich, mit welchen Rousseau sich gegen Voltaire wenden wird. Andere reagieren auf die Flut der Predigtliteratur (siehe das nächste Kapitel), der jeder Vorwand genügte, um die stets bereitliegenden Gemeinplätze auf das Haupt der Sünder herabzubeschwören. Die politische Wendung am Ende erscheint heute wengier kühn, als sie es damals unter gegebenen Umständen war. Friedrich II., der sich gern den Philosophen von Sanssouci nennen ließ, hörte nicht auf den wirklichen Philosophen in Königsberg.

Die naturwissenschaftliche Beschreibung und Erklärung ist bei Kant durchaus fortgeschritten und völlig auf der Höhe der Zeit. Wenn Alexander von Humboldt sehr viel später, in seiner Akademieabhandlung ›Über den Bau und die Wirkungsart der

Vulkane in den verschiedenen Erdstrichen‹ 1823 großräumig vergleicht und strukturiert, so ist manche Beobachtung dazugekommen, manche der inneren Verbindungen zwischen weit entfernten Feuerschlünden der Erde deutlicher erwiesen, aber im Ganzen bestätigt er nur die von Kant gesammelten Bemerkungen.

»Um an eine Erscheinung zu erinnern, die für Europa historisch wichtiger geworden ist, gedenke ich nur noch des bekannten Erdbebens von Lissabon. Gleichzeitig mit demselben, am 1. Nov. 1755, wurden nicht nur die Schweizer Seen und das Meer an den schwedischen Küsten heftig bewegt; selbst in den östlichen Antillen, um Martinique, Antigua und Barbados, wo sie nie über 28 Zoll erreicht, stieg die Flut plötzlich zwanzig Fuß hoch. Alle diese Phänomene beweisen, daß die unterirdischen Kräfte entweder dynamisch, oder produzierend und chemisch verändernd in den Vulkanen sich äußern. Sie beweisen auch, daß diese Kräfte nicht oberflächlich, aus der dünnen Erdrinde, sondern tief aus dem Innern unseres Planeten durch Klüfte und unausgefüllte Gänge nach den entferntesten Punkten der Erdfläche gleichzeitig hinwirken.«

Was sich, neben gewagten hypothetischen Vermutungen äußern ließ, schließt an altes Wissen harmonisch an: »Alle vulkanischen Erscheinungen sind wahrscheinlich das Resultat einer steten oder vorübergehenden Verbindung zwischen dem Innern und Äußern unseres Planeten. Elastische Dämpfe drücken die geschmolzenen, sich oxydierenden Stoffe durch tiefe Spalten aufwärts. Die Vulkane sind demnach intermittierende Erdquellen; die flüssigen Gemenge von Metallen, Alkalien und Erden, welche zu Lavaströmen erstarren, fließen sanft und stille, wenn sie, gehoben, irgendwo einen Ausgang finden. Auf ähnliche Weise stellten sich die Alten (nach Platons *Phaidon*) alle vulkanischen Feuerströme als Ausflüsse des Pyriphlegethon vor.«

Von so viel Wissenschaft und Weisheit haben wir den Blick doch noch einmal in die Auseinandersetzungen des Tages zu lenken, wo davon nicht viel zu spüren war. Die Prediger waren nicht zu bremsen, das Unglück kam ihnen allzu gelegen, und wie heidnische Orakelpriester glaubten sie sich zur Auslegung gewappnet. Ihnen war der Vernunftglaube der Popularphilosophen mit einem friedlichen Gott, der vom Schöpfungswerk ausruhend, kaum in den Gang der Welt eingreift, schon lange ein Dorn im Auge. Hier schien sich der strafende und rächende Gott des Alten Bundes zu regen, der sein Volk zur Buße nötigt.

»Siehe ich will Unglück über Jerusalem und Juda bringen, daß, wer es hören wird, dem sollen seine beiden Ohren gellen…« Solche Töne wurden angeschlagen, um die Verbindung mit den neuesten Nachrichten zu knüpfen: »Unsere Tage lehren uns durch ein betrübtes Unglück, diese Worte verstehen. Jawohl spricht der Herr auch jetzt: Siehe ich tue ein Ding in Europa, daß, wer das hören wird, dem werden beide Ohren gellen. Unsere Ohren klingen, unser Herz bebet, unser Mut ist feig geworden über dem Dinge, das der Allmächtige an uns, an unseren Brüdern und Mitchristen getan hat. GOTT predigt selbst! Er redet laut vor unseren Ohren. Und noch bebet die Erde, ja noch zittern ihre Grundfeste, die die erschreckliche Hand des erzürnten Schöpfers angerührt hat.«

Lissabon war ein gefundenes Fressen für die protestantischen Prediger. Nicht nur der ungeheure Reichtum, die Sünden, die da nicht fern sein können, und der katholische Aberglauben schienen dieses Opfer ausgewählt zu haben, sondern genau zum 1. November sollte das Inquisitionsgericht tagen. Nicht mit Voltaires Direktheit und Spott in der Verzweiflung, sondern umständlich umschreibt der geistliche Herr das Ziel seines konfessionspolitischen Zorns: »Man rüstete sich außerdem zu einem anderen, von unserem Glauben entfernten Spektakel, einige Menschen jämmerlich hinzurichten, weil ihr Verstand nicht davon überzeugt ist, was die Religion des Landes durchaus aber will geglaubt wissen.«

»Und siehe auf einmal gefiel es Gott, die Erde zu bewegen. Ihre Häuser und Paläste zitterten, und ein Teil stürzte um, und zerschmetterte die Einwohner. Die Kirchen stürzten ein, und die Menge der Menschen fand ihren Tod über der Menge der Begräbnisse und bei den Heiligtümern. Ein zweiter Stoß folgte bald und warf noch mehr ein. Es kam der dritte. Und endlich folgte ein Feuer, welches darauf fast alles verzehrte. Diese Menge der Schlösser und Prachtgebäude ward ein Steinhaufen. Statt der Schätze fand man Schutt und Asche. Die volkreiche Gegend ward zur Einöde, und endlich gar zum Aufenthalt der Räuber und Mörder. So vereinigte sich alles, um die Stadt recht unter die Füße zu treten, die ins Fallen kam. Gott ließ es zu, daß die ärgsten Bösewichter mitten unter seinen Zorngerichten ihren Frevel ausübten, damit die Einwohner gänzlich zerstreuet und geraubet und verteilet würden, und also seine Zorngerichte in wenigen Stunden vollendet wären.«

»GOTT hat also die Handelsgeschäfte der großen Welt, recht mitten in dem Herzen ihrer Verbindungen angegriffen, um sie alle zu verwirren. ... Der Kredit ist gefallen, und das Übel, das anfängt, wird weiter um sich fressen, und manchen zu Grunde richten, der es noch nicht meinet. O welch Tiefe der Weisheit ist in deinen Strafgerichten, GOTT! Eine Stadt schlägst du. Du schlägst aber eine solche, daß wir alle den Schlag fühlen« ... Das ist Theologie des 18. Jahrhunderts, die sich gegen Aufklärung wehrt und doch ein Opfer falscher Aufklärung ist. Ein anthropomorpher Gott gebraucht das Übel zu bestimmten Zwecken, vorzüglich zur Belehrung hartnäckiger Sünder, und da die nicht gelingt, doch zumindest, um den Predigern wieder einmal recht zu geben. Seine Weisheit wird als die eines Banklehrlings verstanden, der den Schlag in den dichtesten Knoten des internationalen Netzes der Geschäfte lenkt.

Auch so etwas muß zitiert werden, damit man sieht, daß Kant seine Warnung vor »sträflichem Vorwitz, der sich anmaßt, die Absichten der göttlichen Ratschlüsse einzusehen«, nicht ins

Leere gerichtet hat, so wenig ihm auch ein unmittelbarer Erfolg beschieden sein konnte. Die Geistlichen fühlten sich aber völlig im Recht und über jede Kritik erhaben. Wer es wagte, an ihren Folgerungen zu zweifeln, saß im Rat der Spötter:

»Gesalzene Spöttereien, bittere Scherze, hämische Lästerungen belustigen den Spötter und andere, wenn er damit die herrlichen Ermahnungen der Knechte Gottes verspottete. Manchen unter uns entfiel der Mut, und wer weiß, wie vielen er noch entfallen wäre. Nun hat der HERR selbst gepredigt.«

Der »alte Gott lebt noch«, man müsse »Gottes strafende Hand« erkennen: »Ist GOTT nicht im Wetter? Ist er nicht im Sturmwind? Ist er nicht im Regen? Ist er nicht in den Landplagen? … Wenn Pestilenz und andere Krankheiten hereinbrechen, wer schickt sie? … Ist GOTT nicht HERR der Natur?« Der Glaube war wankend geworden, man zweifelte an seinem göttlichen Strafgericht, und so habe er sein Andenken erneuert. Das ist die simple Logik des Predigers, und er fügt noch wundersame Rettungen hinzu, damit die Ausnahme von der Regel die Herrlichkeit des alten Gottes nur um so glänzender beweise. Wieder war es im Konfessionsstreit willkommen, daß nicht nur die Inquisition so sichtbar bestraft, sondern daß besonders einige der ausländischen, protestantischen Kaufherren glimpflich davongekommen waren.

Aber das soll nicht zum Übermut verführen: »Ja Sünder, der du jetzt hörest, was Lissabon und ihren Schwestern geschehen ist, denke nicht, daß diese Stätte vor anderen sündig gewesen ist. Wo du und deine Mitbürger in der Stadt euch nicht bessert, werdet ihr alle also umkommen.« … »Darum tut Buße!« Diese gedruckte Predigt entspricht vielen anderen. In Hamburg hatte man einen außerordentlichen Bußtag angeordnet, und die Materie war so reich, daß man noch mehrere Sonntage davon zu predigen hatte. Mehrfach wurden solche Predigten gedruckt, »um vielen anderen, die sich daraus erbauen können«, einen Dienst zu erweisen.

Dieser Eifer erregte sogar überregionales Aufsehen, so daß die *Frankfurter gelehrten Zeitungen* aus Hamburg berichten: »Ein sol-

Flugblatt aus England:
Protestantische Geistliche erklären dem König von Portugal die Inquisition und religiöse Verfolgung als Ursache des Erdbebens (London, November 1755)

cher Vortrag der göttlichen Wahrheiten gereicht der Religion zum unfehlbaren Nutzen, unseren Zeiten zur Ehre, und allen Lesern zur Glückseligkeit«, während die *Hamburgischen Berichte von gelehrten Sachen* mit dem Wunsche schlossen, »daß der HERR einen reichen Segen auf Lesung dieser gründlichen und erbaulichen Abhandlung legen« möge. Das ist die lokale Wirklichkeit des vermeintlichen Jahrhunderts der Aufklärung.

In Hildesheim hatte der Rat der Stadt unter dem Eindruck des Erdbebens beschlossen, besondere Betstunden anzuordnen. Der Pastor und Ratsprediger Johann Carl Koken hielt über den Psalm 104, 32 eine Predigt über ›Die Stimme Gottes im Erdbeben‹, und die Wirkung auf die Gläubigen war so mächtig, daß er sich entschloß, sie drucken zu lassen. Dabei versuchte er, das sachliche Interesse an der natürlichen Entstehung von Erdbeben mit der Mahnung »zur wahren Besserung des Lebens und zur nötigen Klugheit im Wandel« zu verbinden. Eine zweite, erweiterte Auflage erwies sich bald als nötig, wobei gerade der naturwissenschaftliche Teil vermehrt wurde. Die Absicht des Verfassers war es, sie eigentlich zu einer ›Seismotheologie oder Erkenntnis Gottes aus dem Erdbeben‹ umzugestalten, worin die dann ja tatsächlich von Kant geleistete Arbeit der natürlichen Bedingungen mit einem Beweis des Daseins und der Vollkommenheit Gottes verbunden werden sollte.

Ähnliches wird von einem Frankfurter Prediger gemeldet, und die *Jenaischen Nachrichten* erhielten von einem unbekannt bleiben wollenden Autor eine umfangreiche Zuschrift, worin dieser im Erdbeben »ein starkes göttliches Anklopfen an die Erde« erkennt und die Pflichten der Menschen darstellt, um künftig solchen Strafgerichten zu entgehen. Hauptgrund des Erdbebens scheint ihm die »halsstarrige Verachtung Gottes« in der modernen Welt zu sein. Ein vergleichender Blick bietet sich an.

Religion und Kommerz

Die Reaktionen auf die Schreckensnachrichten sind sehr unterschiedlich, aber gerade die gegensätzlichsten stehen sich ungewollt sehr viel näher als man beim ersten Anblick glauben mag. Wenn Pastoren wie Banklehrlinge argumentieren, wenn ein gekröntes Haupt Europas die Karnevalsbelustigungen verbietet, wie Maria Theresia, und ein anderes spottet, daß es sich im Dominokostüm des Harlekins besser sterbe als unter dem Kruzifix, so sind das Umkehrungen, der Bigotterie in Frivolität, des rechnenden Händlergeistes in den Gottes Ratschlüsse erklügelnden Pfaffenwitz. Für die Zeitgenossen schienen das in der Regel noch völlig getrennte Welten und unvereinbare Gegensätze zu sein. Voltaire hat in seinen Briefen aus England den Landsleuten auf dem Kontinent die mögliche Koexistenz verschiedener Konfessionen und ihren friedlichen Umgang in der Londoner Börse zu erklären versucht. Und historisch hat er Recht behalten und war der Zeit voraus.

In London faßte man nicht devote oder frivole Maßnahmen, sondern man sorgte für eine rasche Unterstützung zur Behebung der dringendsten Not und man protestierte, nach kurzem Zaudern, die Wechsel nicht mehr, sondern nahm sie an, um die Geschäfte fortzuführen und den Schaden nicht unnötig größer zu machen. Darin erwies sich die »Verspätung« des Kontinents und die Tatsache, daß England anderen Staaten ein Stück voraus war. Voltaire nun versteckt seinen Systemvergleich, der die herrschenden Geistlichen Frankreichs zur Weißglut treiben sollte, im 6. der *Philosophischen Briefe* unter der Überschrift ›Über die Presbyterianer‹, nachdem er zuvor kapitellang über die Quäker, sodann über die anglikanische Hochkirche gesprochen hat, um im folgenden 7. Brief sich Sozinianern, Arianern und Antitrinitariern zuzuwenden, eine hübsche Ketzerversammlung, fast ein Freidenker-Lexikon, wie man damals dergleichen verfaßte, um alle möglichen Irrtümer bequem zur Abschreckung beieinander zu finden. An den Leser ergeht eine Einladung:

»Treten Sie doch ein in die Börse von London, diesen Ort, der höheres Ansehen genießt als die meisten Königshöfe. Da finden Sie die Abgeordneten aller Nationen zum Nutzen der Menschen versammelt. Da verhandeln Jude, Moslem und Christ miteinander, als hätten sie die gleiche Religion, und den Namen eines Ungläubigen geben sie nur dem, der Bankrott macht. Da verläßt sich ein Presbyterianer auf einen Anabaptisten, und der Anglikaner nimmt den Schuldschein des Quäkers entgegen. Am Ende dieser friedlichen und freien Versammlungen gehen die einen zur Synagoge, die anderen eins trinken; der läßt sich in einem großen Faß im Namen des Vaters vom Sohne für den heiligen Geist taufen, und jener seinem Sohn die Vorhaut beschneiden und über das Kind hebräische Wörter murmeln, die er gewiß nicht versteht; die anderen gehen in ihre Kirche, um mit dem Hute auf dem Kopf die Inspiration Gottes zu erwarten, und alle sind zufrieden« (*Philosophische Briefe*, 6).

Das kleine Buch, worin sich dieser Brief neben anderen Schilderungen Englands findet, wurde verurteilt, vom Henker verbrannt, verboten, und sein Autor, der schon fast ein Jahr in der Bastille saß und meist halb oder ganz von Paris verbannt ist, solange er schreibt, muß vor einem neuen Haftbefehl Zuflucht suchen. Voltaire ist vierzig Jahre alt, als er die Scherereien mit den *Philosophischen Briefen* hat, und er findet Zuflucht und mehr, Freundschaft, Interesse an seinen Arbeiten, ja tätige Mitwirkung, die weit über bloße Neugier hinausgeht, und schließlich Liebe bei Madame du Châtelet, deren Schloß weit genug von der Hauptstadt entfernt ist.

Die Erkenntnismethode ist das, was man später den Verfremdungseffekt nennen wird, und zugleich ein altes Verfahren, vom falschen Schein auf den wahren Sachgehalt zu lenken. Konvertibel wie die Währungen sind auch die Religionen, wenn das System offen ist. *Eine* Religion wäre Despotismus, zwei würden Bürgerkrieg bedeuten, aber mit dreißig kann man in Frieden leben. Jeder mag die seine für die richtige halten, er wird andere allenfalls dann überzeugen, wenn er als ehrlicher Geschäftspartner vorbildlich und nachahmenswert erscheint. Die Börse ist der geeignete Ort, um den alleinigen Wahrheitsanspruch eines jeden mit den anderen zu vermitteln. Der Religionsfrieden ist nötig, um Handel zu treiben. Also schaden sich diejenigen, die ihn auf ihrem Territorium verweigern. Das war in Frankreich offensichtlich der Fall, aber es dauerte bis zum Staatsbankrott und der Revolution, die dadurch unausweichlich wurde, bis man Konsequenzen daraus zog.

Die Stimme Gottes im Erdbeben

Zurück zu den Regungen der Gemüter im Heiligen Römischen Reiche! Die jungen Dichter sind in der Regel nicht weiter als die Pastoren, deren Bildungsgang sie häufig teilen. Klopstock (1724–1803), damals so jung wie Kant, aber mit den ersten Gesängen des ›Messias‹ (1748) an der Schwelle zum Ruhm, mit einem Ehrensold des dänischen Königs und frisch verheiratet, schreibt an seine Eltern über das »große europäische Erdbeben« und klagt über die schlechten Menschen (oder doch zumindest die Hamburger), welche die Katastrophe nur »in Absicht auf die schlimmen Folgen, die für den Handel daraus entstehen«, betrachten: »und sie sollten es doch viel mehr als ein überaus merkwürdiges Gericht des allmächtigen Regierers der Welt ansehen« (im Januar 1756).

Dialektischer wendet der junge Wieland (1733–1813) seinen Gedankengang: »So unwürdig sind die Begriffe der meisten Menschen von Gott, daß Er die Natur erschüttern und mit einer allgemeinen Zerrüttung drohen muß, um sie aufmerksam zu machen. Sie erkennen in den Ausflüssen seiner *Güte* die Spuren Gottes nicht; nur die furchtbaren Wirkungen seiner Macht machen sie fühlen, daß sie von einem Höheren abhangen. Sie wollen Gott nicht lieben, aber sie wollen wie Sklaven vor ihm zittern.« (*Hymnen über die Allgegenwart und Gerechtigkeit Gottes*, Zürich 1756).

Wieland, der aus dem Pfarrhaus den Weg in die Aufklärung und auch in ihre sinnenfreudigen Regionen sucht, befindet sich zur Zeit des Erdbebens aber gerade noch in der Periode seiner »seraphischen« Empfindsamkeit, über die er bald selbst spotten wird, wenn er sich mit der ›Philosophie der Grazien‹, *Musarion* (1768), geheilt in der deutschen Poesie Eintritt verschafft.

Dennoch stehen selbst die *Hymnen* über den düsteren Spekulationen mancher Prediger und stoischen Philosophen, die das Positive berechnen, da nach der Katastrophe für die Überlebenden mehr übrigbleibe, und da es ja auch »mehr Bösewichter gebe als Gute, sind auf einmal viele Böse umgekommen« (Johann R. A. Piderit, *Freye Betrachtungen über das neuliche Erdbeben in Lissabon*, Marburg 1756, S. 7). Ob Mitleid oder kaltes Staunen über das Unglück, die theologisch-moralische Deutung eines Naturphänomens schränkt sich selbst doch in zu enge Grenzen ein. Der »alte Gott« des Alten Testaments war doch nicht mehr der Gott der neuen Zeit. Die Frage, die das Erdbeben von Lissabon erregte, ging weit über eine moralische Verknüpfung von Schuld und Strafe hinaus und ließ sich auch nicht völlig von der natürlichen Erklärung des Phänomens beiseite schieben.

Es ging um eine Grundfrage der Metaphysik. Gibt es das Übel in der Welt, und wenn, wie ist es hineingekommen? Das ist gewiß eine Kinderfrage, und Epikurs philosophische Antwort, die nicht die Frage beantwortet, sondern nur die logischen Möglichkeiten klarer formuliert, konnte die Geister nicht befriedigen. Dahinter stand die metaphysische Frage, ob es besser sei, zu sein als nicht zu sein? Und die Frage an die Theologie, die von der harmonisierenden Metaphysik nicht zureichend beantwortet war, warum in einer Schöpfung, die ihr Urheber als gut angesehen hatte, wie es der biblische Schöpfungsbericht dokumentierte, das Übel, das Böse, sich so gewaltsam manifestieren dürfe?

Pessimismus im 18. Jahrhundert

Es gab sehr viel mehr Pessimismus im Jahrhundert der Aufklärung, als die grob vereinfachenden Epochendarstellungen glauben machen. Er war das Erbe des vorausgegangenen Jahrhunderts der unablässigen Kriege, Religionsfehden und bürgerlichen Wirren. Man wurde nicht deshalb auf einmal pessimistisch, weil in Lissabon die Erde bebte. Umgekehrt regte das die gerade mühsam beruhigte Ansicht der Welt tiefgründig wieder auf. Die innere Opposition des französichen Katholizismus, mit beherrschendem Einfluß der Jesuiten, bildeten die Jansenisten. Sie hatten ein negatives, skeptisches, ja pessimistisches Bild von der Welt, das Pascal durch glänzende Formulierungen berühmt gemacht hat. Protestanten und Calvinisten standen dem nicht immer nach. Und auch die junge Aufklärung vertraute der Welt nicht, da sie das Grauen noch vor Augen hatte. Die Zweifel Bayles, zu deren Beantwortung erst Leibniz seine *Theodizee* geschrieben hatte, sind nachzulesen in den vier umfangreichen Foliobänden des *Historischen und Critischen Wörterbuches*, der eigentlichen Bibel der Aufklärung (zuerst französisch als *Dictionnaire historique et critique*, 1696 noch in 2 Bänden, 1702 in 3, 1720 in 4 Bänden; die deutsche Ausgabe ist nach der 5. Auflage, 1740, in Leipzig 1741–1744 unter Gottscheds Leitung übersetzt worden, der z.B. gerade die Zweifel an der besten Welt als »anstössige Stelle« wohlmeinend kommentiert).

Kaum je hatte ein Werk eine so große Wirkung, nicht durch bestimmte Meinungen, sondern dadurch, daß es den fragenden und forschenden Geist übte. Die Ergebnisse sehen wir in Voltaires und in Lessings Stil, in der Methode, die keine Ergebnisse liefert, sondern den Leser selbst dazu bringt, Fragen zu stellen. Im Mittelpunkt der Neugier stehen immer noch theologische Fragen und ihre strittige Erörterung durch die verschiedenen Konfessionen. Und in Frankreich hatte die Vertreibung der Hugenotten dazu geführt, daß innerhalb der katholischen Kirche, zwischen Jesuiten und Jansenisten, der Widerspruch aufbrach, über dem fast das Land zu zerbrechen drohte. Der Jansenismus war mit Gewalt und durch päpstliche Bullen (»Unigenitus«, 1713) verboten, in den Klöstern oft grausam verfolgt worden und sah sich gerade dadurch mit seiner augustinischen Haltung, die sich durch Verfolgung nur bestätigt fühlte und dem Untergang der Welt furchtlos ins Auge zu blicken vermochte, moralisch gestärkt.

Die Leser Bayles, und deren waren viele, in den Lesekabinetten drängte man sich geradezu und suchte unter entlegenen Stichwörtern wie ›Rorarius‹ Einwände gegen die beste aller möglichen Welten, waren zunächst einmal Pessimisten. Auch wenn sie nicht, wie Friedrich II., vom Kalvinismus nur den Fatalismus bewahrt hatten. Selbst Diderot, dessen Temperament nach einer harmonischen Anschauung der Welt verlangt, entwickelt im *Brief über die Blinden zum Gebrauch für die Sehenden* (1748), der ihm Verfolgung und Haft in Vincennes einträgt, eine kosmogonische Perspektive einer Vielzahl experimenteller, mißglückter und weiterhin mißglückender Welten. Rousseau wird die Preisfrage der Akademie in Dijon, die er auf dem Wege, Diderot in Vincennes zu besuchen, liest und die eine ungekannte Erschütterung und Vision in ihm auslöst, negativ beantworten. Die Frage war, ob die Wiederherstellung der Künste und Wissenschaften (also das, was wir Renaissance, Neuzeit und Aufklärung in einem nennen) auch dazu beigetragen habe, die Sitten zu läutern? Nein, antwortete Rousseau, und die oft jansenistisch geprägten Advokaten und Abbés einer Provinzakademie fanden das, anders als ihre Amtsbrüder in der Metropole, des Lorbeers wert.

Rousseaus Kulturkritik zeichnet sich nicht dadurch aus, daß sie neu wäre, sondern daß sie mit stärkeren rhetorischen Mitteln die Früchte der Zivilisation in Frage stellt. Man muß sich von der Naivität der Sekundärliteratur befreien, wenn man diese Epoche aus ihren eigenen Bedingungen ansehen will. Von Fortschritt, vom Recht auf Glück ist sehr wenig die Rede. Schaut man, was der repräsentative Naturforscher über die Liebe zu sagen hat, so findet man bei Buffon die wahrhaft erschreckende Tatsache dargestellt, daß die Liebe den übrigen Lebewesen zum Glück, den

Menschen aber zum Unglück geschaffen sei (»L'amour est fait pour le bonheur des animaux et pour le malheur des hommes«, *Histoire naturelle*).

So zielt die Frage, die das Erdbeben von Lissabon in Gang setzt, aufs Ganze: Hätte Gott eine bessere Welt schaffen können? Seit Platon mit nein antwortete, da Gott aus dem Chaos eine lebendige Ordnung, einen Kosmos, geschaffen habe, sind gegenteilige Behauptungen eher apokryph. Hätte Gott eine bessere Welt schaffen können, so wäre Mißgunst, ja Bosheit bei ihm zu vermuten, wenn er es nicht getan hat, was sich mit dem Begriff Gottes nicht verträgt (*Timaios* 30 a-c). Wie konnte man sich aus dem Zweifel helfen?

In der noch jungen Scholastik fand Peter Abaelard (1079–1142), der einem breiteren Publikum durch seine traurige Liebesgeschichte bekannt geworden ist, eine argumentative Form für die bei den Kirchenvätern immer wieder auftauchende Behauptung, daß die Vollkommenheit der Welt nicht aus dem Fehlen des Übels zu folgern sei, das sich ja nicht leugnen läßt, sondern in der durch Dissonanzen nur um so reicheren Harmonie des Ganzen zu erblicken sei. Abaelard folgert aus dem Prinzip der Fülle und aus dem Prinzip des zureichenden Grundes, daß Gott nur und nur auf die Weise tun konnte, was er tat, wie er es auch tatsächlich getan hat. Gott ist damit bestimmt oder bestimmt sich selbst zu einem notwendig vollkommenen Handeln. Das ist, dialektisch trefflich abgesichert, schwer zu widerlegen, hat aber einen Nachteil. Ein so bestimmter oder sich selbst notwendig und vollständig bestimmender Gott hätte keine Freiheit, anders zu handeln, die doch mindestens ebensosehr zu seiner göttlichen Vollkommenheit gehört (wenn man sie sich als Scholastiker ausmalt und nicht etwa einen Anthropomorphismus in dem ganzen Gedanken vermutet).

Deshalb widerlegten die mächtigen Kirchenlehrer Petrus Lombardus (gest. um 1164) und Thomas von Aquin (1225–1274) den Peter Abaelard auch gar nicht, sondern wiesen diesen geistreichen Außenseiter ab durch den Machtspruch der Autorität. Schließlich ging es um die Möglichkeit, daß Gott den Menschen ohne Sünde hätte schaffen können, mithin um die freie Motivierung der Heilsgeschichte. So hatte Augustinus (354–430) im Genesis-Kommentar gelehrt, Gott hätte den Menschen besser ohne Sünde schaffen können: »Daraus folgt, daß Gott sowohl anderes schaffen konnte als er schuf, wie auch das, was er schuf, besser als er es getan hat« (Ex praedictis constant quod potest Deus et alia facere quam facit, et quae facit meliora ea facere quam facit. Petrus Lombardus, *Sent. libri quatuor* I, q. 44, *Patrologia Lat.* [Migne], Bd. 192, S. 640). Thomas von Aquin bestätigt das. Unter gegebenen Bedingungen kann die Welt nicht besser sein, aber Gott hätte andere Dinge und eine bessere Welt schaffen können (*Summa theol.*, I, 25, 6).

Theodizee

Wenn Gottfried Wilhelm Leibniz (1646–1716) Gott und seine Schöpfung zu rechtfertigen unternimmt, so macht er sich die Mühe, die Einwände Bayles nach Punkten zu widerlegen. Bayle hatte neben seinem Wörterbuch und einer einflußreichen Zeitschrift (›Nouvelles de la République des Lettres‹) philosophisch-theologische Erörterungen in mehreren Bänden unter dem Titel ›Antworten auf die Fragen eines Ordensprovinzials‹ (*Réponses aux questions d'un provincial*, Bd. 1, 1704, Bd. 2 und 3, 1706, am Jahresende stirbt Bayle, Bd. 4 und 5 postum 1707) veröffentlicht. Leibniz liebte es, mit der Feder in der Hand zu lesen und ganze Bücher zu kommentieren oder zu widerlegen. So hat er seine Sprachphilosophie mit und gegen John Locke (1632–1704) entwickelt, dessen *Essay concerning Human Understanding* 1690 erschienen war (1700 in französischer Übersetzung). Die seit 1703 redigierten ›Neuen Versuche über den menschlichen Verstand‹ (*Nouveaux Essais sur l'entendement humain*) publizierte Leibniz aber nicht, da Locke, an den er sich wandte, eben 1704 verstorben war.

Das bedeutende sprachphilosophische Werk kam daher erst 1765 in der ersten Leibniz-Ausgabe von Raspe ans Licht. Ähnlich ging es mit vielen Schriften von Leibniz. Im Artikel ›Leibnitzianisme‹ seiner großen *Encyclopédie*, der im 9. Band in eben dem Jahre 1765 erschien, beklagt Diderot den unbegreiflichen Leichtsinn Deutschlands, daß man die Schriften dieses Mannes, der allein ihm so viel Ehre mache, wie Platon, Aristoteles und Archimedes zusammen Griechenland, noch nicht herausgebracht habe. Und, um die Wahrheit zu sagen, hat Deutschland diese Schuld bis auf den heutigen Tag nicht abgetragen, und wo es langsam geschieht, da mit der von Goethe den Deutschen nachgerühmten Kunst, die Wissenschaften ungenießbar zu machen.

In diesem Falle publiziert Leibniz aber selbst seine Schrift mit dem schönen, von ihm erfundenen Titelwort *Theodizee* (»Rechtfertigung Gottes«) und mit dem Untertitel ›über die Güte Gottes, die Freiheit des Menschen und den Ursprung des Übels‹ 1710 auf dem zensurfreien Boden Amsterdams. Natürlich weiß er, daß er nicht der erste ist, der nicht Gott die Schuld dafür gibt, daß die Menschen oder die Natur nicht so sind, wie wir es gern hätten. Aber er nimmt geduldig einen nach dem anderen der Einwände Bayles vor, um sie zu widerlegen. Nun hat ein Philosoph und Mathematiker wie Leibniz einen Begriff von einem unendlich vollkommenen Wesen – das in Übereinstimmung mit den Naturgesetzen steht, denen, die man schon kennt, und denen, die man erst noch herausfinden muß –, der mit dem Gottesbegriff, um den sich Theologen und andere, die sich mit ihnen streiten, Sorgen machen, nicht sehr viel zu tun hat.

So hatte gerade Newton, der auf seine Zeitgenossen und auch auf Voltaire so großen Eindruck machte, eine eigenartige Vorstellung von Gott. Als ein sehr menschlicher Uhrmacher muß er das Werk seiner Schöpfung von Zeit zu Zeit aufziehen, damit es nicht stehenbleibt. Und das verträgt sich überhaupt nicht mit Leibniz' Vorstellungen von der Ordnung der Naturgesetze. Aber es war ja auch heikel, neue Entdeckungen im Bereich der Natur zu machen und sie mit einer alten und doch noch sehr mächtigen Theologie versöhnen zu müssen, ohne in diesem Punkt als Materialist, in jenem als Atheist, hier als Spinozist und dort als Sozinianer (deren Gott »von einem Tag auf den anderen« zu leben scheint), verschrien zu werden. Es ist für unsere Zeit ganz erstaunlich, wie genau man über die möglichen Irrtümer der anderen Bescheid zu wissen glaubte.

Wie es in der Mathematik einen Infinitesimalkalkül der unendlich großen und unendlich kleinen Quantitäten gibt, und Leibniz hat ihn selbst gleichzeitig mit Newton entwickelt, so will er das Prinzip des Besten (Optimum) in die Weisheit einführen, wo die Dinge nicht weniger als in der Mathematik geregelt seien. Wenn er von mehreren Welten spricht, die möglich sind, so meint er nicht wie die heidnischen Kosmologen vergangene oder künftige Welten, ähnlich der unseren, sondern das ganze Universum, unabhängig davon, in wie vielen uns vielleicht bekannten Formen es sich entfalten mag. Ihm geht es also nicht im mindesten darum, ob in diesem oder jenem Falle etwas anders und damit besser verlaufen konnte, was einem oder mehreren Individuen unerfreulich erscheint. Ihm geht es um den Unterschied von Möglichkeit und Wirklichkeit. Andere Universen sind möglich, aber nicht wirklich geworden. Dieses ist aus vielen möglichen das wirkliche und hat damit eine Qualität mehr, nämlich zu sein statt nicht zu sein.

Das Prinzip der Fülle und das des zureichenden Grundes stehen also am Anfang. Die Freiheit, mit welcher Gott gemäß den Naturgesetzen das Handeln in der Welt bestimmt, ist weder die Willkür, etwas Unsinniges zu tun, noch Indifferenz. Ein Gott, der die Naturgesetze außer Kraft setzen könnte, und wäre es zu einem rührenden Gnadenerweis, wäre ein »despotischer« Gott, und einen solchen Tyrannen duldet die Metaphysik nicht. Auch kann es keine Doppelheit des höchsten Prinzips geben, wie es Zoroastrer, Manichäer und andere behaupteten. Bayles Lebenserfahrung war die eines, stets den Bestand des Guten und das simple Dasein bedrohenden, Übels. Krieg, Vertreibung, Hungersnot, Epidemien und religiöse Verfolgung füllen die Seiten der Weltgeschichte. Die Geschichte im Ganzen ist ihm ein »Bild des menschlichen Elends«, wie es Augustinus und dessen Schüler, der Geschichtsschreiber Paulus Orosius in der Spätantike unter dem Eindruck des Zerfalls des Reiches und der Invasionen der Völkerwanderung gesehen hatten. Damals bestand man auf dem vorwiegenden Übel im Irdischen, um den Kontrast zu einer künftigen Welt der ›Gottesbürgerschaft‹ (Civitas Dei) nur um so deutlicher zu zeichnen.

Dieses finstere Bild vermochte im Ganzen nicht mehr zu überzeugen. Und ein Trost im Jenseits war auch der Mehrheit gläubiger Christen keine klare Vorstellung mehr. Das war ein Traditionsgut, das man in Liedern und Sentenzen mitschleppte, das aber keine Überzeugungskraft im Leben und Handeln mehr besaß. Wenn Bayle sagt, »daß der Mensch böse und unglücklich ist; daß es überall Gefängnisse und Spitäler gibt, und daß die Geschichte nichts ist als eine Sammlung der Verbrechen und Unglücksfälle des Menschengeschlechts«, so glaubt Leibniz doch, darin Übertreibung zu sehen. »Es gibt unvergleichlich mehr Gutes als Übles im Leben der Menschen, wie es unvergleichlich mehr Wohnhäuser als Gefängnisse gibt.« (§ 148)

Bayle gesteht zu, daß man »überall sowohl moralisches wie physisches Gutes antrifft, einige Beispiele von Tugend, von Glück, und das macht die Schwierigkeit; denn gäbe es nur Übeltäter und Unglückliche, so brauchte man gar nicht auf die Hypothese der zwei Prinzipien zurückzugreifen«. (Dann würde ja eines reichen, das schlechte.) Leibniz wundert sich, daß Bayle nicht berücksichtige, daß »dieser Roman des menschlichen Lebens, der die Universalgeschichte des Menschengeschlechts bildet, im göttlichen Verstand erfunden sei zusammen mit einer Unzahl anderer, und daß nur der Wille Gottes ihn zur Existenz bestimmt habe, weil diese Folge der Ereignisse am besten mit den übrigen Dingen zusammenstimme, damit sich das Beste ergebe. Und diese Fehler der ganzen Welt, diese Flecken einer Sonne, wovon die unsere nur ein Strahl ist, enthüllen ihre Schönheit viel mehr als daß sie sie verminderten, und tragen zu einem größeren Gut bei. Es gibt tatsächlich zwei Prinzipien, aber beide sind in Gott, nämlich sein Verstand und sein Wille«. Der Verstand liefere das Übel und den Grund, warum es erlaubt sei. (§ 149)

Wie soll man sich die Wahl zwischen verschiedenen Welten vorstellen. Arthur O. Lovejoy, der das schöne Thema der Kette aller Wesen in der Vorstellung der Philosophen behandelt hat (›The Great Chain of Being‹, 1936 u.ö.), spricht von einem »taste in universes« und von einem Geschmackswechsel an Welten, so wie man vom französischen zum englischen Garten wechselt, vom Barock zum Rokoko. Der Gott, den Leibniz denkt, ist ein metaphysischer Künstler, und der Wechsel hat etwas von einem Stilwechsel. Nicht alle Welten, die an sich möglich sind, sind miteinander kompatibel, ebensowenig wie alles Mögliche innerhalb nur eines Universums. Also hat die Entscheidung zur Existenz Folgen, und der erste Schritt bestimmt die nächsten. »Es gibt einen Wettkampf unter allen Möglichkeiten, die zur Existenz gelangen wollen, und den gewinnen diejenigen, welche miteinander am meisten Wirklichkeit, Vollkommenheit und Verständlichkeit (intelligibilité) erzeugen.« (§ 201) Gott ist durch eine moralische, nicht metaphysische Notwendigkeit verpflichtet, die Dinge am besten zu machen, nicht nur, damit andere ihn nicht kritisieren, sondern damit er selbst mit seinem Werk zufrieden ist.

Von der theologischen Tradition der Scholastiker unterscheidet Leibniz sich insofern, als er ein naturgesetzliches und ein historisch sich entfaltendes Universum im Auge hat. Für die Scholastiker war die Welt starr in ihrer Gegebenheit und die Grenze zum Wunderbaren offener. So hat für sie Gott zwar die Welt geschaffen so gut, wie sie nur sein kann, aber er hätte eine andere ebenso schaffen können. So, wie man zu ihrer Zeit, statt einer romanischen Kirche, mit reicheren Formen und schwierigerer Konstruktion eine gotische Kathedrale bauen konnte. Für Leibniz liegt ein Auswählen dem Schaffen voraus, wodurch das Optimum an Harmonie und Vollkommenheit, an Mannigfaltigkeit der Teile und an ihrer Übereinstimmung, gewährleistet wird.

In einer poetischen Fiktion am Ende des dritten Teils der *Theodizee* schildert Leibniz einen Traum im Tempel der Athene, der den Träumenden in den Palast der Schicksale führt, wo der höchste Gott, Jupiter, vor Beginn der bestehenden Welt alles

Künftige und darüber hinaus alles Mögliche, was sich hätte ereignen können, betrachtete, um das beste davon auszuwählen. Ohne eine Unendlichkeit von Welten wäre nicht eine, die beste, geschaffen worden. Ein Glücksgefühl reißt den Träumenden hin, obwohl er ein bestimmtes Unglück in der Wirklichkeit sieht. Das sei, so lautet die Erklärung der Göttin, nicht schlecht geschaffen, es sei stets frei von Ewigkeit an so gewesen und zur Existenz nur ausgewählt, weil es mit anderem vollkommen zusammenstimme, um des Ganzen willen und aufs Beste, auch wenn das nicht leicht einzusehen sei. Es ist wie mit der Reihe der Zahlen. Keine einzelne bestimmte Zahl ist denkbar ohne die Unendlichkeit der Zahlenreihe. (§ 414 ff.)

Verdacht des Optimismus

Leibniz selbst, der sein »System des Optimum« noch mit vielen Feinheiten entwickelt, die hier nicht darzustellen sind, hat nie von ›Optimismus‹ gesprochen. Diesen Begriff hat ein Jesuit im ›Journal de Trévoux‹, der wissenschaftlichen Zeitschrift seines Ordens, bei der Rezension einer neuen Ausgabe im Februar 1737 in polemischer Absicht geprägt. Die geometrische Behandlung eines theologischen Gegenstandes erweckte Mißtrauen, Leibniz war lange tot, aber die populäre Philosophie, daß alles gut sei, schien nach geistlicher Richtigstellung zu verlangen. Noch konnte niemand ahnen, welche Karriere das neugeprägte Wort haben sollte, auch wenn seine Bedeutung sich bald von der metaphysischen Streitfrage seines Ursprungs löste und ab dem folgenden Jahrhundert mit seinem Gegensatz, dem, wie Fritz Mauthner sagte, »danach gebildeten Witzwort Pessimismus«, die Grenzwerte eines vor allem Denken liegenden psychischen oder vitalen Befindens bezeichnet.

Eine Neuausgabe der ›Théodicée‹ war in Frankreich erschienen und die Jesuiten wandten sich gegen Leibniz' irenische Bestrebungen, der die Konfessionen untereinander ebenso wie Wissen und Glauben versöhnen wollte. In vier Artikeln, die vom Januar bis zum Juni 1737 erscheinen, wird Leibniz erst ironisch gerühmt, um dann polemisch ad absurdum geführt zu werden. Er habe alles gewußt, über alles geschrieben, und alles versöhnen wollen, lautet der Vorwurf. Es ist kein neues Argument, das der anonyme Jesuitenpater dem großen Philosophen, den er aber nur als Physiker und Geometer anerkennen will, vorzuhalten hat. Neben dem Verdacht des Spinozismus (was damals Ausschluß eines persönlichen Gottes aus dem rationalen Mechanismus der Welt bedeutete) und den Leibniz ja gerade vermieden hatte, steht der auch schon von Samuel Clarke, der Newton gegen Leibniz zu verteidigen suchte, fälschlich erhobene Vorwurf, die Freiheit Gottes zu leugnen.

Nicht Widerlegung, wie Leibniz es mit Bayle gemacht hatte, sondern Verdächtigung ist das zur Anwendung gebrachte Mittel: »Der Optimismus, der von Leibniz zumindest, ist nichts als ein verschleierter Materialismus, ein erbaulicher Spinozismus ...« Die prästabilierte Harmonie zwischen den Tätigkeiten der Körper und der Intelligenzen sei ein rein materieller Mechanismus, die systematische Einheit im Gang der Dinge sei bloß geometrisch konzipiert, das Handeln Gottes wie ein Automat und was sich noch alles an allgemeinen Vorwürfen anhäufen ließ, um diese lange Kapuzinerpredigt gegen eine »neue Mode schöngeistiger Philosophie« ausgerechnet bei dem zwei Jahrzehnte zuvor verstorbenen großen Metaphysiker anzuprangern. Das deutet auf andere Ziele hinter dem berühmten Namen, aber zunächst kommt das theologische Geschütz gegen das zweite Argument aus bester theologischer Tradition, die Rechtfertigung des Übels um des Guten willen: »Glaubt man denn, das Übel sei seiner Natur nach eher zuständig, das Gute hervorzubringen, als das Gute selbst?«

Während Bayles Zweifel an der Güte der Schöpfung in dieser Schrift als Bosheit des Herzens qualifiziert wird, glaubt man Leibniz damit zu treffen, daß man ihn lächerlich macht, nicht zuletzt durch ein so komisches Wort wie die Neuprägung ›Optimismus‹. Dann zitiert der Autor aber unter verschlüsselter Namensnennung aus Schriften eines P in England und eines V in Frankreich, womit Pope und Voltaire gemeint sind, und macht sich ausgerechnet an Voltaires Kritik des großen Jesuitenhassers Pascal im Anhang der *Philosophischen Briefe*, die 1734 veröffentlicht wurden.

Welch eine Wendung der Dinge! Die abgründig finstere Weltansicht Pascals, tief vom Jansenismus durchtränkt, wird vom jungen Voltaire im Namen eines in England und durch Shaftesbury und Pope bestärkten ›Optimismus‹ kritisiert, um ausgerechnet von einem Jesuiten wieder in ein gewisses Recht gesetzt zu werden. Und bemerkenswert war es schon, daß Voltaire so lange nach dem Tod von Blaise Pascal (1623–1662) eine Reihe der *Pensées* zitiert und einzeln zu widerlegen versucht. Er knüpfte also nicht etwa an schon gewonnenes Terrain der Aufklärung an, etwa an Fontenelle oder Bayle, sondern nahm sich einen anscheinend immer noch gefürchteten Gegner der Vergangenheit vor, um vor allem dessen düstere Meinungen durch das Licht der Vernunft zu berichtigen.

Die Frage, ob Pope ein Metaphysiker ist, werden in Deutschland noch Lessing und Moses Mendelssohn aufgreifen. Darauf kommen wir noch zu sprechen. Hier ging es um den sensualistischen Enthusiasmus über eine schöne Welt, deren einzelne Mängel doch zu ihrer Vollkommenheit im Ganzen beitrügen, und der sich dabei nicht auf Leibniz' Argumente der *Theodizee* stützen mußte. Es war bei Shaftesbury ein verhaltener Jubel und bei Pope ein in Verse gebrachter Deismus als Religion des aufgeklärten Common Sense. In der Kasuistik des Übels fühlt sich Pope nicht sehr sicher, ob es stets Gutes bewirke, was aber vielleicht auch zuviel verlangt wäre:

Or partial Ill is universal Good,
Or Change admits, or Nature lets it fall.

(Ist ein teilweises Übel entweder im Ganzen gut, oder läßt es die Abwechslung zu oder die Natur läßt es geschehen?). Auch die Begründung, warum die »unendliche Weisheit« von den möglichen Welten gerade die beste schaffen müsse, gelingt im *Essay on Man* (1733/34) nur unzureichend, was aber der Überzeugungskraft des »whatever is, is right« bei der Mehrheit des Publikums nicht schadete. Es ging weit weniger um die Deutbarkeit der Welt als um das lebendige Gefühl ihres Zusammenhangs.

Akademische Katastrophenübung

Pope war aber leichter anzugreifen und zu widerlegen, wenn man in Wahrheit auf Leibniz zielen wollte. Das hatte schon Abbé Crousaz – ebenso wie der anonyme Jesuit im Jahre 1737 – in einer ›Untersuchung des Versuchs des Herrn Pope über den Menschen‹ versucht. Nach einer Fülle von Schriften für oder wider die beste aller Welten schrieb 1753 die königliche Akademie der Wissenschaften in Berlin ihre Preisaufgabe ausgerechnet auf das Jahr 1755 über diese Frage aus. Ihr Präsident Maupertuis wollte Leibniz' fortdauernde Wirkung zunichte machen, und ihr Schutzherr Friedrich II. hatte selbst so misanthropische Ansichten von der Welt, daß ihm eine Widerlegung des Optimismus nur recht sein konnte und er auch nichts dagegen hatte, diesem Vorurteil zuliebe eine ungewöhnlich schlechte Arbeit krönen zu lassen.

Maupertuis (Pierre-Louis Moreau de Maupertuis, 1698–1759) war jung durch mathematische Begabung aufgefallen und wurde auf dem Kontinent die Autorität, die in französischer Sprache die neue Physik Newtons erläuterte und empfahl. Man erkannte, daß die Kosmologie Newtons nicht nur für die Wissenschaft, sondern auch für Schiffahrt und Handel von Bedeutung war. Eine der zunächst überraschendsten Behauptungen Newtons, die von der Abplattung der Erdkugel, wurde im Auftrag der französischen Regierung verifiziert. Eine Expedition von Naturforschern unter Leitung von La Condamine wurde nach Peru entsandt, eine zweite mit Maupertuis nach Lappland, um 1736 gleichzeitig die Gradmessungen vorzunehmen, die Newtons Lehre glänzend bestätigten. Allerdings hatte Voltaire in seinen ›Elementen der Philosophie Newtons‹ (1738) klar, lebendig und geistvoll entwickelt, was bei Maupertuis trocken und lehrhaft dargestellt war. Eitel und rasch beleidigt zu sein, ist nur zu oft mit bemerkenswerten, aber nicht überragenden Geistesgaben verbunden, und so war und blieb Maupertuis gegen Voltaire eingenommen.

Maupertuis war 1746 Präsident der Berliner königlichen Akademie der Wissenschaften geworden, als Voltaire es vorzog, bei Madame du Châtelet in Cirey zu verweilen, statt den Lockungen des preußischen Monarchen zu folgen. Der Tod der geistreichen Frau und Voltaires Fehlentscheidung, nach Potsdam zu ziehen, machte die Atmosphäre in der kleinen französisch-sprachigen, vom König persönlich beherrschten wissenschaftlichen Gemeinschaft brisanter. Im Vergleich zu Voltaire war Maupertuis ein gelehrter Pedant, der sich zudem Ungerechtigkeiten zuschulden kommen ließ und mit Vorschlägen an die Öffentlichkeit trat, die Befremden und Gelächter erregen mußten. So wollte er das Innere der Erde ergründen und dazu ein Loch graben lassen, von dem Voltaire sich ausrechnete, daß es so groß wie das Deutsche Reich werden müsse. Voltaire machte eine kleine Blütenlese davon und schob sie einem jungen Narren zu, der dafür den Namen eines verdienten Gelehrten mißbrauche. Die Satire schrieb sich fast von selbst, Maupertuis war tödlich beleidigt, und dieses Zerwürfnis vertiefte die Spannungen zwischen Voltaire und Friedrich II., die durch den nicht zu leugnenden Charme und die politische Achtung, die sie sich wechselseitig als europäischen Großmächten zollten (wobei Voltaire unbestreitbar und auf lange hin eine war, und Friedrich erst und nur für kurze Zeit eine werden sollte), nur notdürftig kaschiert wurde. Friedrich hatte den Tick, als Poet in Vers und Prosa in französischer Sprache aufzutreten, und bedurfte dazu des Schliffs eines Könners, und Voltaire war immer noch ein Opfer seiner Torheit, etwas werden zu wollen, da er doch schon sehr viel mehr war, als wozu irdische Fürsten ihn erheben konnten.

Maupertuis hatte sich nie die Mühe gemacht, Leibniz zu studieren; er wollte der englischen Metaphysik auf Biegen und Brechen zum Durchbruch verhelfen. So hatte er nichts dagegen, als auf Betreiben des Mathematikers Euler hin zuerst die Monadenlehre von Leibniz in einer Preisfrage abgeschlachtet werden sollte. Das erregte die Gemüter, der selbsterklärte Statthalter der Leibnizschen Philosophie, Christian Wolff (1679–1754), fürchtete um seine Macht. Eine Sonderkommission aus allen Klassen der Akademie sollte über die heikle Entscheidung wachen. »Ganz Berlin räsonnierte«, berichtete ein Zeitgenosse, aber »Gott weiß wie!« Die wütenden Newtonianer richteten unerbittlich über die ihnen unzugängliche metaphysische Spekulation. Die nächste philosophische Preisaufgabe nahm sich den Determinismus Leibniz' vor. Der Mathematiker und Mitherausgeber von Diderots *Encyclopédie,* d'Alembert (1717–1783), der Friedrichs Werben und Berufungen als Präsident der Berliner Akademie widerstand, äußerte das Mißfallen der Gelehrten an einer ziemlich absurden Formulierung der Aufgabe und spottete, dann könne man das Thema ja auch so fassen: »In Erwägung, daß unsere Freiheit sehr zweifelhaft ist, fragt man an, ob wir sie wirklich besitzen.«

Die gewundenen Themenstellungen hatten ihren politischen Grund. Es gab Leibnizianer in der Akademie, die sich gegen eine unwürdige Bekämpfung seiner Lehre wandten, während ihre Gegner nicht den Mut zum offenen Kampf hatten, aber seine Lehre stürzen wollten. So wurde auch die nächste Preisaufgabe 1753 (auf das Jahr 1755) wiederum kaschiert. Jedermann wußte, daß es gegen Leibniz ging, aber man schob Pope vor:

»Gefordert ist die Untersuchung des Systems von Pope, das in der Behauptung ›Tout est bien‹ enthalten ist. Es geht darum: 1) den wahren Sinn dieser Behauptung in Übereinstimmung mit der Hypothese seines Autors zu bestimmen, 2) sie mit dem System des Optimismus oder der Wahl des Besten zu vergleichen, um genau die Beziehungen und die Unterschiede festzulegen, 3) die Gründe darzulegen, die man für die geeignetsten hält, dieses System zu begründen oder zu zerstören.«

Der Ästhetiker Sulzer hatte dieses Thema vergebens zu verhindern versucht. Der berühmte Gottsched schlug wiederum als erster mit einer lateinischen Dissertation gegen die Tendenz der Akademie zu (›De optimismi macula‹…, 1753). Die Schweizer Literaten im Kreis um Bodmer und Breitinger, wozu auch Wieland damals gehörte, rüsteten sich zur Verteidigung von Leibniz und machten sich noch Hoffnungen. Auch sahen die Mehrheitsverhältnisse in der winzigen Klasse der Philosophie innerhalb der Akademie gar nicht so ungünstig aus. Allein, es kam anders. Die französisch geschriebene Abhandlung eines Strelitzschen Justiz-Secretars namens A.F. Reinhard wurde gekrönt, weil sie zwar ungewöhnlich schlecht, aber gegen den Optimismus gerichtet war. Sulzer schrieb empört, daß die Stimmen zunächst »zwischen Vernunft und Unvernunft geteilt« waren, bis Formey aus Rücksicht auf Maupertuis gegen seine eigene Meinung stimmte; »Merian und Prémontval rasen wirklich und Formey ist ein höchst geiziger und niederträchtiger Mann; die zween ersten leugnen das Principium rationis sufficientis (Prinzip des zureichenden Grundes) in öffentlicher Schrift, und Formey redet und schreibt um Geld. Was hat man also von solchen Männern anders zu erwarten, als daß sie die Rechte der Menschlichkeit auf den Kopf stellen«.

»*Pope ein Metaphysiker!*«

Noch bevor die gekrönte Schrift mit drei anderen im Druck erschien, um zu erweisen, daß nicht nur in diesem Falle die offizielle Befassung mit einem wissenschaftlichen Gegenstand seine sachliche Erörterung beendet, war eine anonyme Schrift *Pope ein Metaphysiker!* (1755) erschienen, die nicht die Frage beantwortete, sondern sie ihrerseits in Frage stellte. Die Verfasser waren Gotthold Ephraim Lessing (1729–1781) und sein Freund, der Philosoph Moses Mendelssohn (1729–1786), die ihre Schrift unter anderem deshalb nicht einreichten, da sie, würde sie gekrönt, zu der neuen Streitfrage führen müßte, wem der Ruhm gebühre …

»Die Akademie verlangt eine Untersuchung des Popischen Systems, welches in dem Satze: alles ist gut, enthalten ist.«

»Ich bitte um Verzeihung, wenn ich gleich Anfangs gestehen muß, daß mir die Art, mit welcher diese Aufgabe ausgedrückt worden, nicht die beste zu sein scheinet« … Dieser Satz liege vielen Systemen zugrunde, hier werden Thales, Plato, Chrysippus, Leibniz und Spinoza genannt, daher müssen »in diesen Worten entweder alle Systemata, oder es muß keines darin enthalten sein«.

Daraus folge die zweite Unklarheit, wenn dieser Satz allen möglichen Philosophien und Meinungen über die Welt zugrundeliege: Hat der Konzipient der Aufgabe »auch das Wort System in der strengen Bedeutung« genommen, »die es eigentlich haben soll?«. Wie soll man denn nun »eine Untersuchung des Popischen Systems« vornehmen. »Wer ist Pope? … Ein Dichter … Ein Dichter? Was macht Saul unter den Propheten? Was macht ein Dichter unter den Metaphysikern?« Nun kann man ja zwei Talente haben, aber: »Wo hat Pope den Metaphysiker gespielt, den ich ihm nicht zutraue? – Eben, als er seine Stärke in der Dichtkunst am meisten zeigte. In einem Gedichte.« So kommt es zu der vorläufigen Untersuchung, »ob ein Dichter, als ein Dichter, ein System haben könne?«. Dann werden die Sätze gesammelt, in welchen das System liegen müßte, sie werden mit den Leibnizschen Lehren verglichen und abschließend geprüft.

Moses Mendelssohn war empört über die Würdelosigkeit einer gelehrten Körperschaft, die auf dem Wege der Intrige sich gegen den großen Philosophen wandte, der dazu noch der Schöpfer dieser, gewiß nicht der besten aller möglichen Akademien gewesen ist. Lessing wurde belebt durch die Lust der Polemik, und in scharfen Begriffserklärungen läßt er sein Florett durch die Luft sausen. Mit überlegener Ironie erweist er, daß ein Dichter, als Dichter, kein System haben kann. Die Akademie hat sich schon mit der Fragestellung vertan: »Wenn ich der Akademie andre Absichten zuschreiben könnte, als man einer Gesellschaft, die zum Aufnehmen der Wissenschaften bestimmt ist, zuschreiben kann; so würde ich fragen: ob man durch diese befohlene Vergleichung mehr die Popischen Sätze für philosophisch, oder mehr die Leibnizischen Sätze für poetisch habe erklären wollen?«

Pope hat Leibniz nicht verstanden und kommt mit Platon nicht zurecht, was ihm auch nicht zu verübeln ist. Aber wie steht es mit der nächstliegenden Quelle, dem liebenswürdigen und begeisternden Lord Shaftesbury: »Ich will also hier nur so viel anführen, daß Pope den Shaftesbury zwar offenbar gelesen und gebraucht habe, daß er ihn aber ungleich besser würde gebraucht haben, wenn er ihn gehörig verstanden hätte.« Dazu zitiert (es ist an dieser Stelle unverkennbar) Lessing die Stelle aus Shaftesburys *Rhapsody:* »Selbst die Stürme und Ungewitter haben, Ihrem Bedünken nach, ihre Schönheit, nur diejenigen nicht, die in der menschlichen Brust aufsteigen.« Ist dieses nicht eben das, was Pope sagt:

If Plagues or Earthquakes break not heav'n's design,
Why then a *Borgia* or a *Catiline*?

(Wenn Pestepidemien oder Erdbeben den Plan des Himmels nicht durchkreuzen, warum sollte es ein Cesare Borgia oder ein Catilina tun?) Aber ähnlich unsicher ist Pope in der Kasuistik des Übels, ob es wohl stets Gutes bewirke:

Or partial Ill is universal Good,
Or Change admits, or Nature lets it fall.

(Ist ein teilweises Übel entweder im Ganzen gut, oder läßt es die Abwechslung zu oder die Natur läßt es geschehen?) Pope hat nicht viel verstanden, nicht von Leibniz und nicht einmal von dem so verständlich schreibenden Shaftesbury. Denn: wäre »ihm Pope gefolgt, so würden seine Gedanken einem System ungleich ähnlicher sehen; er würde der Wahrheit und Leibnizen ungleich näher gekommen sein«.

Da hätte sogar die Akademie eine der Beantwortung lohnende Frage finden können: »Ich wundre mich sogar, warum nicht selbst die *Akademie* lieber das System des Shaftesbury, als das System des Pope zu untersuchen und gegen das Leibnizische zu halten aufgegeben. Sie würde alsdann doch wenigstens Weltweisen gegen Weltweisen, und Gründlichkeit gegen Gründlichkeit gestellt haben, anstatt daß sie den Dichter mit dem Philosophen, und das Sinnliche mit dem Abstrakten in ein ungleiches Gefechte verwickelt hat.« Und hatte nicht Pope selbst, um sich bei seinem Freund Swift für die philosophische Maskerade zu entschuldigen, diesem in einem Brief geschrieben: »Nur um eines bitte ich Sie; lachen Sie über meine Ernsthaftigkeit nicht, sondern erlauben Sie mir, den philosophischen Bart so lange zu tragen, bis ich ihn selbst ausrupfe, und ein Gespött daraus mache.« Dem kann man nicht viel hinzufügen. Lessing macht es deshalb auch kurz: »Das will viel sagen! Wie sehr sollte er sich also wundern, wenn er erfahren könnte, daß gleichwohl eine berühmte *Akademie* diesen falschen Bart für wert erkannt habe, ernsthafte Untersuchungen darüber anzustellen.«

Rousseau gegen Voltaire

Was blieb der Natur bei diesem Stand der Dinge in dieser besten aller möglichen Welten anderes übrig als tief im Inneren der Erde zu grollen? Lissabon war das Opfer geworden, viele versuchten ihrer Erschütterung Ausdruck zu verleihen, Voltaire machte den Unglücksfall zu einer Sache Europas und forderte die wohlmeinenden, aber betrogenen Philosophen in die Schranken. Das wiederum erregte Jean-Jacques Rousseau (1712–1778) noch weit mehr als das Erdbeben.

Rousseau glaubte durch Voltaires Poem und die Bestreitung des Optimismus, der vor kurzem noch ein Spottname in der Polemik eines Jesuiten gegen Leibniz gewesen war, sein Gefühl und seinen Glauben verletzt. Und viele mit ihm, nicht zuletzt die Pastoren in Genf. Voltaire hatte die Gabe, eine allgemeine Empfindung unüberbietbar eingängig und überzeugend auszusprechen. Auf *der* Ebene war er schwer zu widerlegen. Also mußte Rousseau, dem Voltaires Existenz und mächtige Wirkung im Innersten zuwider war, ja, den er als eine Bedrohung seiner Vaterstadt Genf empfand, den Gegner selbst in Frage stellen. Trotzdem entstand bei dem, was aus Ranküne entsprang und sich auf Haß gründete, ein wirklicher Gedanke.

In den *Confessions* (8. Buch) gibt Rousseau Voltaires Niederlassung in der Nähe von Genf als den Grund an, warum er nicht dahin zurückgekehrt sei. »Ich begriff, daß dieser Mensch dort umwälzend wirken würde (que cet homme y feroit révolution), daß ich in meiner Vaterstadt den Ton, die Meinungen und Sitten wiederfände, die mich aus Paris vertrieben hatten; daß ich mich unaufhörlich schlagen müßte« … Als nun das Gedicht über das Erdbeben von Lissabon erschien und er darauf antwortet, stellt er es im 9. Buch der *Confessions* so dar, als wolle er dem außer sich geratenen Voltaire wieder zur Seelenruhe verhelfen. Aber alle häuslichen Unannehmlichkeiten und die Intrigen seiner Widersacher kamen zusammen, um alles in ein falsches Licht geraten zu lassen.

Die Absicht war, Voltaire von seinen Verirrungen zu retten: »Betroffen, einen armen, sozusagen von Reichtum und Ruhm niedergedrückten Mann bitterlich gegen das Elend des Lebens deklamieren zu sehen und alles schlecht zu finden, faßte ich den unsinnigen Plan, ihn zur Einkehr in sich selbst zu zwingen und ihm zu beweisen, daß alles gut sei.« Aber in Wirklichkeit hält er ihn für einen Teufelsanbeter, mit dem er aber doch vorsichtig umgeht. Der Jüngere belehrt den Älteren, der eben durch seine Kulturkritik zu frischem Ruhm gelangte Anfänger will den erfahrensten Schriftsteller Europas aus seinen vermeintlichen Irrtümern befreien. Rousseau sieht in Voltaire immer den Erfolgreichen, von Glücksgütern Überhäuften, der glaubt, andere auf das Elend aufmerksam machen zu müssen:

»Täuschen Sie sich nicht darin, mein Herr; es entsteht das Gegenteil von dem, was Sie sich vornehmen. Dieser Optimismus, den Sie so grausam finden, tröstet mich doch in eben den Leiden, die sie mir als unerträglich darstellen.« (Cet optimisme, que vous trouvez si cruel, me console pourtant dans les mêmes douleurs que vous me peignez comme insupportables.)

»Popes Gedicht besänftigt meine Leiden und verschafft mir Geduld, Ihres verschärft meine Schmerzen, erregt mich zum Widerspruch und nimmt mir alles außer einer zweifelhaften Hoffnung, es führt mich zur Verzweiflung. In dem befremdlichen Gegensatz, der zwischen Ihren Auffassungen und meinem Gefühl herrscht, beruhigen Sie meine Verwirrung und sagen Sie mir, ob sich das Gefühl irrt oder die Vernunft.«

Was nun Lissabon betrifft, so hat ein Denker, der den Menschen für ursprünglich gut, aber für durch die Institutionen und sein falsches Wissen verdorben hält, einiges auszusetzen, ehe er dem Gefühl des Mitleids Lauf läßt. Warum, so fragt er, wohnten diese Menschen eingezwängt in zwanzigtausend Gebäude von sechs bis sieben Stockwerken? Wären sie gleichmäßig verteilt in leichten Häusern, so wäre der Schaden geringer geblieben oder es hätte gar keine Opfer gegeben. Alle wären beim ersten Beben aus den Häusern geflohen, während sie so untergingen, weil sie unnütze Güter retten wollten, Kleidung, Papiere, Geld. Anders

Jean Jacques Rousseau (1712–1778)

gewendet, wenn man die Leiden des Lebens betrachtet, ist ein rascher Tod nicht glücklicher, als langsam zwischen Notaren, Erben und Ärzten dahinzusiechen?

Von solchen Erwägungen, die, ohne falsch zu sein, doch unter gegebenen Umständen nicht den erfreulichsten Eindruck hinterlassen, erhebt Rousseau sich zu der eigentlich metaphysischen Frage, die Leibniz vom Prinzip des zureichenden Grundes aus gestellt hatte: warum überhaupt etwas ist und wir sind und nicht vielmehr nichts? Nicht vom vollkommenen Glück aus, sondern von der Existenz des Menschen, die dadurch sich rechtfertige, daß es »besser ist für uns zu sein als nicht zu sein (s'il est mieux pour nous d'être que de n'être pas), lasse sich etwas über die Welt aussagen. Die Philosophen vergäßen stets »das sanfte Gefühl des Daseins, unabhängig von jeder anderen Empfindung« (le doux sentiment de l'existence, indépendamment de toute autre sensation).

Bei dem Problem, das zur Debatte stehe, »ist es nicht die Frage, zu wissen, ob jeder von uns leide oder nicht, sondern ob es gut sei, daß die Welt bestehe, und ob unsere Übel in der Verfassung der Welt unvermeidlich seien«. So könne man auch schwerlich sinnvoll erörtern, ob alles gut sei, sondern eher ob das Ganze, oder Alles für das Ganze gut sei. »Die wahren Prinzipien des Optimismus lassen sich weder aus den Eigenschaften der Materie noch aus dem Mechanismus des Weltalls, sondern nur induktiv aus den Vollkommenheiten Gottes, der allem vorsteht, ableiten; dergestalt daß man nicht die Existenz Gottes aus Popes System, sondern Popes System durch die Existenz Gottes beweise, und das Problem der Vorsehung ist ja zweifellos von dem des Ursprungs des Übels abgeleitet.«

Man müsse die Dinge, sagt Rousseau, relativ in der natürlichen und absolut in der moralischen Ordnung betrachten: »So ist die größte Vorstellung, die ich mir von der Vorsehung machen könnte, die, daß jedes materielle Wesen bestmöglich in Beziehung aufs Ganze, und jedes denkende und fühlende Wesen bestmöglich in Beziehung auf sich selbst eingerichtet sei; das heißt in anderen Worten, für den, der seine Existenz empfindet, ist es besser zu existieren als nicht zu existieren. Aber diese Regel muß man auf die gesamte Dauer jedes fühlenden Wesens und nicht nur auf einige besondere Augenblicke seiner Dauer, wie es das menschliche Leben ist, anwenden.«

Doch Rousseau kann nicht enden, ohne diesen hohen und schönen Gedanken, der die weitere Entwicklung vorzeichnet, in einen kleinlichen Vergleich der irdischen Stellungen beider Kontrahenten ausmünden zu lassen, nachdem er den Älteren unerträglich belehrend zum Schreiben moralischer Werke aufgefordert hat: »Ich kann nicht umhin, mein Herr, hier einen einzigartigen Gegensatz hinsichtlich des Themas dieses Briefes zwischen Ihnen und mir zu bemerken. Sie leben gesättigt vom Ruhm und blasiert von eitler Größe frei im Schoße des Überflusses; wohl versichert der Unsterblichkeit philosophieren sie friedlich über die Natur der Seele; und wenn Leib oder Herz einmal leiden, so haben Sie Tronchin als Arzt und als Freund: dennoch finden Sie nur Übel auf der Erde. Und ich, unbekannt, arm und von einem Leiden ohne Heilung gequält, meditiere mit Vergnügen in meiner Einsamkeit und finde, daß alles gut ist. Woher kommen diese offensichtlichen Widersprüche? Sie selbst haben es erklärt: Sie genießen, ich aber hoffe, und die Hoffnung verschönt alles.«

Ob das so völlig den Tatsachen entspricht? Rousseau lebte, wiewohl er sich ostentativ als Notenkopist der großen Welt betätigte, doch von der Gunst der Madame d'Epinay, die ihm bei ihrem Schlößchen in Ermenonville, nicht weit von Paris, ein Häuschen bauen ließ. Er war ein Hätschelkind der reichen und adeligen Familien, ein Freund der Philosophen, bis er durch maßlose Eifersucht und Anflüge von Verfolgungswahn Mißtrauen säte und wohl nicht anders konnte als glückliche Verhältnisse zu zerstören. Die realen Anhaltspunkte seiner Leiden waren medizinisch selbst bei der Obduktion nicht auszumachen, aber was will das heißen bei einem Menschen, der ein ganzes Jahrhundert durch Intensität des Gefühls und der Empfindung zu erneuern unternimmt!

Voltaire, der die rabiate Kulturkritik von Rousseaus Abhandlungen, die ihn durchaus berühmt gemacht hatten, nicht teilen konnte, bewahrte stets eine starke Solidarität, die unbedingt war, sobald Rousseau wirklich verfolgt wurde. Aber selten können Menschen sich derart als anschauliche Gegensätze inszenieren, und die Nachwelt hat allen Grund, dafür dankbar zu sein. Rousseaus Brief war erst gerüchteweise, und dann veröffentlicht, ein Weltereignis, und ein glücklicheres als Friedrichs II. Einbruch in Sachsen in eben dem August 1756, womit der den Siebenjährigen Krieg begann. Voltaire ließ sich Zeit mit der Antwort, aber sie wurde 1759 zu einem seiner größten Siege in dem Jahr, als Friedrich bei Kunersdorf seine fast tödliche Niederlage einzustecken hatte.

Candide in der besten aller Welten

Wer hätte es für möglich gehalten, daß der Verfasser des ›Gedichts über das Erdbeben von Lissabon‹, der mit Gott und der Welt und ihren Deutern hadert, die älteste Frage des Menschen, die nach dem Glück, mit heiterer Weisheit beantwortet? In einer Verkörperung herrlicher Naivität, die seine eigene ist. Nur wer an den Optimismus glaubte, kann an ihm verzweifeln, und nur wer an ihm verzweifelte, kann den Menschen retten, indem er die Deutung der Welt preisgibt. Die Schatten von Gilgamesch und Hiob tauchen auf, der listige Odysseus, und mancher andere in einem lächelnden Reigen seliger Geister. Wäre das Lachen völlig durchgedrungen, so hätte diese Revolution, die das Denken vom Kopf auf die Füße stellte, eine andere erübrigen können. Aber so leicht machen es sich die Menschen doch nicht auf dieser besten aller möglichen Welten.

Voltaire erzählt die Geschichte des harmlosesten Wesens dieser Erde, das zum Opfer der schlimmsten aller möglichen Unglücksfälle wird. Aber es ist ein Märchen, und deshalb muß es glücklich enden, was auch immer geschehen mag. So wie Laurence Sterne in eben diesen Jahren den *Tristram Shandy* (1759 ff.) erfindet, der den Roman zum heiteren Bewußtsein seiner selbst kommen läßt, so erfindet Voltaire das philosophische Märchen, seinen ›Hans im Glück‹, seine ›Sechse kommen durch die ganze Welt‹ und was alles an destillierter Erfahrung des Lebens und des Lesens in ein schmales Bändchen hineinpaßt. »Es war in Westfalen, im Schloß des Freiherrn von Donnerstrunck, ein Knabe, dem die Natur die sanftesten Sitten verliehen hatte«... Der Baron war einer der mächtigsten Herren des Landes, »weil sein Schloß eine Tür und Fenster hatte« ... Die Baronin wog beträchtliche dreihundertundfünfzig Pfund, während ihre siebzehnjährige Tochter Kunigunde höchst appetitlich war. Ein Gelehrter war das Orakel des Hauses: »Pangloss lehrte die Metaphysico-theologico-cosmolo-nigologie (das geht auf Leibniz, die Universalsprache, die Vereinigung aller Wissenschaften, ›nigo‹-logie auf den frz. ›nigaud‹, Narren, der alberne Possen treibt). Er bewies vortrefflich, daß keine Wirkung ohne Ursache sei, und daß, in der besten aller möglichen Welten, das Schloß des Herrn Baron das schönste aller Schlösser, und Madame die beste aller möglichen Baroninnen war.«

»Es ist bewiesen, sagte er, daß die Dinge gar nicht anders sein können; denn da alles zu einem Ende gemacht ist, ist alles notwendig zum besten Ende gemacht. Bemerken Sie wohl, daß die Nasen geschaffen sind, um Brillen zu tragen. Also haben wir Brillen. Die Beine sind sichtbarlich eingerichtet, um behost zu werden und wir haben Hosen. Die Steine sind da, um behauen zu werden und Schlösser daraus zu bauen; so hat der Herr Baron ein sehr schönes Schloß, und der größte Baron der Provinz muß das beste Schloß haben; die Schweine sind geschaffen, gegessen zu werden, so essen wir das ganze Jahr Schweinefleisch: folglich begehen die, welche behaupten, alles sei gut, eine Torheit, denn man müsse sagen, alles sei am besten.«

Was Candide aufmerksam hört und unschuldig glaubt, wird der Leser nicht für eine zureichende Darstellung des Leibnizischen Systems ansehen. Darüber war sich auch Voltaire im klaren. Es ist sehr viel mehr Selbstironie im Spiel, von einem, der von der Weisheit der Bücher und dem Zauber der Sprache immer wieder verführt wurde, das Gelesene für die Wirklichkeit zu nehmen, und gegen die Mächte dieser Welt mit kühnen Worten anzugehen. Auch die gelehrte Neugier des Fräulein Kunigunde, die beim Spaziergang atemlos beobachtet, wie im Gebüsch der Doktor Pangloss der Kammerfrau ihrer Mutter eine Lektion in Experimentalphysik erteilt, wobei die sehr hübsche kleine Brünette sehr gelehrig ist, bleibt nicht Theorie. Aufgeregt, so unverhüllt den zureichenden Grund des Doktors zu erblicken, die Wirkungen und die Ursachen, kehrt sie zurück voll Begier der Gelehrsamkeit und träumend, wie sie und Candide einander zureichende Ursachen zu sein vermöchten. Ein Erröten, ein erster Kuß hinter dem Wandschirm, mit leuchtenden Augen und zitternden Knien … Freiherr von Donnerstrunck geht da vorbei, sieht das und jagt Candide mit großen Fußtritten in den Hintern aus dem Schloß.

So begann manche große Karriere im Jahrhundert der Aufklärung. Mozart ist nur einer von denen, die ähnlich aus einem Schlosse flogen. Und wer über Land zog als junger Mann in Mitteleuropa, mußte in jenen Jahren damit rechnen, unter die preußischen Werber zu fallen, die hier im Roman Bulgaren heißen. Sehr vieles in der Geschichte ist sozusagen historisch, nur das unglaubliche Tempo, ein *Allegro con brio,* das bei Katastrophen in ein *Prestissimo* übergeht, beschleunigt alles, macht es dadurch erträglich für die Vorstellung, die sonst bei detaillierter Ausmalung all des Elends darniedersänke, und hebt es ins Absurde. Er wird zum Trunk geladen, denn er hat Gardemaß, er hört ganz selig von den Werbeoffizieren, daß die Menschen nur geschaffen seien, um einander zu helfen, wie ihn schon Pangloss belehrt hatte, erhält ein paar Taler, wird exerziert, dabei verprügelt, lernt dazu und wird weniger verprügelt, bis er an einem schönen Frühlingstag spazierengeht, aufgegriffen wird und zu seinem Erstaunen vor der Wahl steht, sechsunddreißig mal Spießruten zu laufen oder zwölf Bleikugeln ins Hirn zu bekommen. Der Wille ist frei, aber er muß wählen, und nach dem zweiten Spießrutenlauf bereut er die Wahl und will sich doch lieber erschießen

Voltaire (1694–1778)

lassen. Da kommt der König, läßt sich über den Fall Bericht erstatten, und da er ein goßes Genie hatte, begriff er gleich, daß es sich um einen jungen Metaphysiker handelt und begnadigte ihn.

Candide oder was von ihm übriggeblieben war, wird zusammengeflickt, gerät in eine Schlacht und verhält sich da ganz ähnlich wie der »arme Mann vom Toggenburg« in der Schlacht bei Lobositz. Er duckt sich bei der heroischen Schlächterei und nimmt Reißaus über die Felder mit Toten und Sterbenden, verbrannte Dörfer, ermordete Frauen mit Säuglingen an der Brust, und Mädchen, die man aufschlitzte, nachdem sie den natürlichen Bedürfnissen der Helden gedient hatten. Bei den Awaren sah es ebenso aus wie bei den Bulgaren, und beide Könige ließen das Te Deum laudamus singen. So ist die Welt, und er lernt sie noch in allen ihren finsteren Seiten kennen.

Candide flieht nach Holland, findet wenig Menschenliebe unter den eifernden Sektierern, bis ihn ein Wiedertäufer aufnimmt, und es fehlt nicht an rührenden Überraschungen, denn der jämmerlichste Bettler mit erloschenen Augen, zerfressener Nase und schwarzen Zähnen, die er beim quälenden Husten herausspuckt, ist sein alter Lehrer Pangloss. Kunigunde, so berichtet er, haben die bulgarischen Helden vergewaltigt und erstochen, die Baronin und das Schloß dem Erdboden gleichgemacht, und Pangloss hat im Vollzug der die Menschheit tröstenden und die Welt zusammenhaltenden Liebe die Syphilis von der Kammerfrau empfangen, bei allem Schmerz mit dem glücklichen Bewußtsein, sie bis auf ihre letzte Ursache zurückführen zu können. Die Zofe der erhabenen Baronin, Paquette, »erhielt die Gabe von einem höchstgelehrten Franziskanermönch, der sie aus der ersten Quelle hatte, denn er bezog sie von einer alten Gräfin, die sie von einem Rittmeister hatte, der sie einer Marquise verdankte, die sie einem Pagen schuldete, der sie von einem Jesuiten bekam, der sie als Novize in gerader Linie von einem der Gefährten des Christoph Columbus empfing«.

Sieben Generationen in zweieinhalb Jahrhunderten, das bleibt in den Grenzen historischer Wahrscheinlichkeit, und das

Leiden stammt ja auch nicht etwa vom Teufel, sondern erweist sich als notwendiger Bestandteil der besten aller Welten. Mit abenteuerlicher Geschwindigkeit geht es im Zeitraffer durch die Welt. Der Wiedertäufer muß in Geschäften nach Lissabon mit den beiden, und während Pangloss auf dem Schiffe noch über die Gerechtigkeit in der Welt vernünftelt, worin die einzelnen Übel zum allgemeinen Besten beitragen, verfinstert sich der Himmel, die Stürme erheben sich aus allen Himmelsrichtungen und im gräßlichsten Unwetter kentert das Schiff vor dem Hafen von Lissabon.

Das Schiff sinkt, die Besatzung und der Wiedertäufer, der einen üblen Matrosen rettet, gehen unter, nur dieser und, auf einer Planke, Candide und Pangloss gelangen sicher ans Ufer. Sie gehen in die Stadt, in der Hoffnung, ihren Hunger zu stillen, nachdem sie dem Unwetter entkommen sind: »Kaum setzen sie den Fuß in die Stadt und beweinen noch den Tod ihres Wohltäters, so fühlen sie die Erde unter ihren Schritten beben; das Meer erhebt sich gischtend im Hafen und zerbricht die Schiffe, die vor Anker liegen. Flammenwirbel und stiebende Asche bedecken die Straßen und Plätze; die Häuser stürzen in sich zusammen, die Dächer überschlagen sich und landen auf den zerstörten Fundamenten: dreißigtausend Einwohner jedes Alters und Geschlechts werden unter den Trümmern zerquetscht. Der Matrose pfiff durch die Zähne und sagte fluchend: ›Hier gibt es was zu gewinnen. – Was mag der zureichende Grund dieser Erscheinung sein? sagte Pangloss. – Das ist der Jüngste Tag‹, schrie Candide.«

Der Matrose plündert, betrinkt sich und kauft sich die Gunst des ersten Mädchens guten Willens, die er zwischen Ruinen und zerstörten Häusern unter Sterbenden und Toten findet. Pangloss zupft ihn am Ärmel: »Lieber Freund, sagte er ihm, das ist nicht gut, Sie verletzen die universelle Vernunft und gebrauchen Ihre Zeit nicht wohl. – Tod und Teufel, antwortete der, ich bin Matrose und in Batavia geboren, ich bin bei vier Japanfahrten viermal über das Kruzifix marschiert; da hast Du den richtigen mit deiner universellen Vernunft gefunden!«

»Einige Steinschläge hatten Candide verwundet; er lag ausgestreckt und mit Trümmern bedeckt auf der Straße. Er sagte zu Pangloss: ›Ach! verschaffe mir ein wenig Öl und Wein, ich sterbe. – Das Erdbeben ist keine neue Erscheinung, antwortete Pangloss; die Stadt Lima in Amerika erlitt die gleichen Stöße im vergangenen Jahr; gleiche Ursachen, gleiche Wirkungen; gewiß verläuft eine Schwefelader unter der Erde von Lima nach Lissabon. – Nichts ist wahrscheinlicher, sagt Candide, aber um Gottes willen, ein wenig Öl und Wein. – Was heißt wahrscheinlich, erwiderte der Philosoph; ich halte die Sache für bewiesen.‹ Candide verlor das Bewußtsein, und Pangloss brachte ein wenig Wasser von einem Brunnen in der Nähe.«

Wie es kommen muß, sucht man Schuldige, und man will das Volk nach dem Schrecken durch ein schönes Autodafé ergötzen. Im San Benito, mit den Papiermützen auf dem Kopf, werden sie in feierlicher Prozession zur Hinrichtung geführt. Einige werden verbrannt, Candide wird ausgepeitscht und Pangloss, obwohl das nicht der Regel entspricht, gehangen. Als die Verzweiflung am tiefsten ist, kommt eine Alte, sagt: »Mut, mein Sohn, folgen Sie mir«, und nimmt ihn mit und pflegt ihn. Und wie im Märchen bringt sie ihm eine verschleierte Frau, die seine totgeglaubte Kunigunde ist. Er sinkt sprachlos zu ihren Füßen nieder, sie fällt auf ein Kanapee. Und dann erzählen sie sich ihre unwahrscheinlichen Erlebnisse.

Kunigunde wurde von einem Hauptmann der Bulgaren gerettet, dem sie die Hemden wusch, bis man einander überdrüssig war, und er sie an einen Juden verkaufte, der sie nun um die Wette glücklos mit dem Großinquisitor verehrte. Kaum haben sie einander erzählt, was ihnen widerfuhr, und wollen zu speisen beginnen, so kommt der Jude Don Isachar und wird von Eifersucht gepackt, die ihn zum Dolche greifen läßt. Der sanfte Candide wehrt sich mit dem Degen und streckt ihn nieder. Das Entsetzen ist groß, aber es bleibt keine Zeit zur Überlegung, denn durch eine andere Tür tritt der Inquisitor ein. Candide merkt, daß ihm keine Wahl bleibt in dieser Lage und durchbohrt gleich noch den Prälaten. »Wie kann so etwas bei so viel Sanftmut geschehen, fragt Kunigunde. – Mein schönes Fräulein, antwortet Candide, wenn man verliebt, eifersüchtig und von der Inquisition gestäupt ist, dann kennt man sich selbst nicht mehr.«

Erneute Flucht, mit der erfahrenen Alten, welche die Tochter eines Papstes ist und ebenfalls vom Schicksal gezeichnet, einst schön und glücklich, dann wurde ihr der Bräutigam vergiftet, sie fiel unter die Seeräuber, in einen Bürgerkrieg, die Pest wütete, sie wurde von einem Harem in den anderen verkauft und bei der Belagerung von Asow wurde der Hunger so kannibalisch, daß sie mit nur einer Hinterbacke durch die weiteren Wechselfälle des Lebens humpelte. Unter Erzählungen überqueren sie den Atlantik, aber kaum sind sie in Buenos Aires, bemächtigt sich der Gouverneur der schönen Kunigunde, und Candide muß vor den Häschern der Inquisition fliehen, reist mit seinem Diener Cacambo nach Paraguay, den Jesuitenstaat, wo er im Pater Kommandant den Bruder Kunigundes erkennt. Doch für Rührung bleibt nicht viel Zeit, denn der geistliche Baron ist empört, als Candide seine Liebe zu Kunigunde gesteht, ohne die vierundsechzig Ahnen vorweisen zu können, so daß dem nichts anderes übrig bleibt, als in Notwehr wieder einmal einen Degen in einen Leib zu bohren. Erneute Flucht im Jesuitengewand, Gefahr, deshalb im Nachbarland verspeist zu werden, aber die Wahrheit siegt und die Menschlichkeit unter den Kannibalen, und unversehens gelangen sie nach Eldorado. Doch ermüdet ihn die Einförmigkeit des Glücks in einem Lande, das sich so sehr von Westfalen unterscheidet.

Reich mit Schätzen beladen, kehren sie in die käufliche Welt zurück, werden bestohlen, sehen Unrecht und Sklaverei, so daß Candide einmal seufzt: O Pangloss, solche Greuel hast du nicht geahnt! Am Ende muß ich noch auf deinen Optimismus verzichten. Da fragt ihn Cacambo, Was ist Optimismus? (Schließlich was das Wort ja noch neu, 1737 geprägt, wie wir sahen, 1752 zuerst im Wörterbuch der Jesuiten von Trévoux und nach dem *Candide* (1759) erst 1762 im Wörterbuch der Akademie registriert. »Ach! sagt Candide, es ist die Raserei, alles für gut zu halten, wenn es einem schlecht geht.« Und dieser Optimismus wird auf die Probe gestellt. Candide sucht den unglücklichsten Menschen des Landes und findet den Manichäer Martin, der ihm die pessimistische Seite der Aufklärung verkörpert, welterfahrener und weniger närrisch als Pangloss. Er wird betrogen, bestohlen und verführt und lernt in Paris die Falschheit feiner Lebensart kennen.

Die beste aller möglichen Literaturen

In Paris hatte man über das Theater und die schreibende Canaille gesprochen, in Italien hört man von einem Herrn Pococurante, dem niemals ein Kummer begegnet sei, und darauf ist Candide so gespannt wie sein Manichäer. Nichts geht einem Schriftsteller so nahe wie die Literatur, Voltaire lebt in Rhythmen, Reimen, in kurzen, schlagenden Formulierungen, und die Verse Ariosts oder Racines können ihn wie seine eigenen zu Tränen rühren, aber gerühmte Absurditäten versetzen ihn in Wut. Um einmal alles zu sagen, was ihm an der Literatur nicht gefällt, hat Voltaire den edlen Venezianer Pococurante erfunden, der seine Ungeduld mit einer Blasiertheit verbindet, die er ganz und gar nicht besitzt.

Ein Palast an der Brenta voller Kunstwerke, schöner Mädchen und ausgezeichneter Musiker, mit einer vorzüglichen Bibliothek. Candide findet alles wunderbar, aber Signor Pococurante leidet bei erlesener Höflichkeit an einem ausgeprägten Mangel an Begeisterung. Sogar der hübschen Mädchen wird er überdrüssig, die Bilder hat er aus Eitelkeit erworben und gesteht, daß er sie nicht mehr anschaue, ein Musikstück darf nicht länger als eine halbe Stunde dauern, die Oper ist ihm überhaupt zu albern und unwirklich, und nun schwärmt ihm Candide von den prachtvollen Büchern seiner eigenen Bibliothek vor! Was soll ihm denn die stete Wiederholung ähnlicher Schlachten bei Homer und eine Helena, die einen Krieg auslöst, von der man aber fast nichts erfährt? In Vergils *Aeneis* läßt er das vierte und das sechste Buch durchgehen (das sind auch die besten), aber der Rest ist doch frostig und unerfreulich. Da ziehe er Tasso und Ariost vor, auch wenn man im Stehen einschlafe dabei. Horaz hat gute Maximen, aber er wird rasch so entsetzlich vulgär. Cicero kann er nicht brauchen, da er selbst Prozesse zu entscheiden hat.

In achtzig Jahresbänden einer Akademie der Wissenschaften, finde man, sollte etwas Nützliches zu erwarten sein, aber keiner der Autoren habe auch nur die Kunst erfunden, Nähnadeln zu machen. Unter dreitausend Theaterstücken auf Italienisch, Spanisch und Französisch blieben keine drei Dutzend, die gut seien. Ganze Predigtsammlungen seien keine Seite von Seneca wert, und die theologischen Folianten öffne nie ein Mensch. An den Engländern schätzt er den Freiheitssinn, wenn nur ihr Parteigeist nicht alles wieder verdürbe. Miltons *Verlorenes Paradies* ist ihm der abgeschmackteste Galimathias einer verirrten Phantasie. Candide, der alles bewundert, ohne selbst ein Urteil zu haben, ist ganz niedergeschlagen, da er doch Homer ehrt und Milton ein wenig liebt. »Ach!« sagt er ganz leise zu Martin, »ich fürchte wohl, daß dieser Mann hier für unsere deutschen Dichter nur souveräne Verachtung habe.« – »Das wäre weiter kein Schaden«, sagt Martin. Candide hält ihn, da nichts ihm gefallen kann, für ein Genie. Nach dem Besuch fragen sie sich, ob er der glücklichste Mensch ist, weil er über seinem Besitz stehe, oder unglücklich, wie der Manichäer meint, weil alles ihm zuwider ist. Vielleicht, so erwägen sie, genießt er das Vergnügen, kein Vergnügen zu haben?

Wie die literarischen Größen, so scheinen auch die weltlichen sich in der Atmosphäre von freiem Markt und Kommerz anders auszunehmen. Überraschend stellt Cacambo sich ein, der Kunigunde freigekauft und nach Konstantinopel gebracht hat, aber im Dienste merkwürdiger Fremder, die den Karneval in Venedig verbringen. Einer nach dem anderen wird von seinem Bedienten als Majestät angesprochen, und das scheint denn doch eine Maskerade zu sein. So nimmt sich Candide die Freiheit, dem Spaß auf den Grund zu gehen und gesteht, daß er und sein Manichäer keine Könige seien. Die anderen blicken befremdet, und einer nach dem anderen erzählt seine Geschichte. Einer war

Großsultan, ein anderer Zar, ein dritter ist Prätendent des englischen Throns, der vierte und der fünfte sind gleicherweise König von Polen, ein oder gar zweimal entthront, und zum Karneval in Venedig, wie der sechste, der König von Korsika, Theodor, der wirklich ein Liebling Europas war, dem hier aber die Majestäten durch ein Geringes, Candide durch seinen eldoradischen Reichtum mit einem Vielfachen zu anständiger Kleidung verhelfen.

Am Ende finden sich wie im Märchen auch die Verlorenen und Totgeglaubten wieder ein, Pangloss, der am Galgen hing, und der junge Baron, den Candide aufgespießt hatte. Jetzt kauft er beide von der Galeere los, und die furchtbar häßlich gewordene Kunigunde, die am Bosporus die Schüsseln eines verarmten Fürsten aufwäscht und mit der Alten Handtücher zum Trocknen aufhängt. Candide ist bei ihrem Anblick die Lust zum Heiraten vergangen, aber sie, der niemand zu sagen wagte, wie ihre Schönheit verging, erinnert ihn an seine Versprechen, und der Adelsstolz des Barons bringt ihn so auf, daß er es dennoch tut, nachdem er den Baron nach Rom zum Ordensgeneral spediert hat. Das Leben in Wohlstand und Müßiggang, das sie so lange erträumt hatten, bekommt ihnen nicht. Die Frauen werden noch häßlicher und unerträglich, die Männer langweilen sich, außer Cacambo, der für alle arbeitet. Und so fragt die Alte, ob alle Mißgeschicke der Welt wirklich schlimmer seien als das Nichtstun? – Das ist eine große Frage, sagt Candide.

Von einem alten Türken lernen sie, daß die Arbeit drei große Übel vom Menschen fernhalte, die Langeweile, das Laster und den Mangel. »Arbeiten wir ohne zu vernünfteln, sagt Martin, das ist das einzige Mittel, das Leben erträglich zu machen.« Und so entwickelt jeder seine Talente. Kunigunde war wirklich jetzt sehr häßlich, aber sie wurde eine gute Konditorin, das Kammermädchen stickte, die Alte besorgte die Wäsche. Die Männer arbeiten gleichfalls, und Pangloss findet alles wunderbar verkettet und alle Leiden doch der Mühe wert, denn ohne sie äße man nicht eingemachte Zitrusfrüchte und Pistazien. »Das ist wohl gesprochen, antwortete Candide, aber wir müssen unseren Garten bestellen.«

Glückliches Mißlingen der Theodizee

Überraschend ähnlich wie bei Voltaire vollzieht sich Kants Stellung zum Optimismus in seiner Entwicklung auf die drei großen Kritiken zu und durch sie hindurch. Noch in der Folge der königlichen Preisaufgabe verteidigt Kant im *Versuch einiger Betrachtungen über den Optimismus* 1759 den Gedankengang von Leibniz. Die wirkliche Welt müsse die beste sein, und Gott könne nicht die Freiheit gehabt haben, eine weniger gute zu wählen. Kant legt Wert darauf, daß Leibniz selbst nichts Neues damit vorzutragen glaubte: »Das Neue bestand nur in der Anwendung, um bei den Schwierigkeiten, die man von dem Ursprunge des Bösen macht, den Knoten abzuhauen, der so schwer aufzulösen war.«

Andererseits sieht er das Problem, daß »ein Gedanke, der so leicht, so natürlich ist, den man endlich so oft sagt, daß er gemein wird, und Leute von zärtlichem Geschmacke verekelt«, sich nicht lange in Ansehen halte. Also gerät man auf Spitzfindigkeiten. Ein absolut höchstes Wesen und die Ausdenkbarkeit immer besserer Welten lassen sich nicht begrenzen: »Wenn keine Welt gedacht werden kann, über die sich nicht noch eine bessere denken ließe, so hat der höchste Verstand unmöglich die Erkenntnis aller möglichen Welten haben können; nun ist das letztere falsch, also auch das erstere. Die Richtigkeit des Obersatzes erhellet also: wenn ich es von einer jeden einzelnen Idee, die man sich nur von einer Welt machen mag, sagen kann, daß die Vorstellung einer noch bessern möglich ist, so kann dieses auch von allen Ideen der Welten im göttlichen Verstande gesagt werden; also sind bessere Welten möglich als alle, die so von Gott erkannt werden, und Gott hat nicht von allen möglichen Welten Kenntnis gehabt.«

Man bemerkt, daß Kant dem Doktor Pangloss entschieden im Räsonnieren überlegen ist. Dafür fehlte Voltaire die Geduld, der stets häuft und überbietet, mit wenigen und kurzen Beispielen in atemloser Geschwindigkeit die Existenz von unendlichem

Übel anzuerkennen zwingt. Voltaire ironisiert die Handlung eines Romans. Die Ironisierung der Handlung wird selbst zur eigentlichen Handlung, die die Bewegung der Vorstellungen und Gedanken motiviert. *Candide* ist das Buch von jenseits der Katastrophe. Beides macht ihn zum philosophischen Roman. Es inventarisiert anläßlich des Besuches bei Herrn Pococurante sogar die Literatur, die ganze, als sei sie abgeschlossen, vom Ende her rückwärts. Das reflektierende Buch ist stets ein Buch nach der Literatur. Da wird sie neu erfunden und ist erst richtig da. Kant ist ein Philosoph der Schule, aber man darf, wenn er auch nur gelegentlich als »galanter Magister« leicht für ein größeres Publikum schrieb, seine Ironie nicht unterschätzen.

Kant nimmt sich die königliche Preisaufgabe und ihre jämmerliche Lösung vor. Nach der oben skizzierten Fragestellung führt er die traditionelle Bestimmung ein, die absolute Vollkommenheit in den Grad der Realität zu setzen. Verschiedene Dinge können »nie einerlei Grad von Realität haben«. Also kann es nicht zwei verschiedene Welten geben, die gleich gut, gleich vollkommen wären. Mit diesem Argument setzt er den Preisträger der Akademie in den Sand. »Nun sagen die Gegner des Optimismus: eine vollkommenste unter allen Welten sei so wie die größeste unter allen Zahlen ein widersprechender Begriff.« Ein höchstes Wesen ist aber nicht wie eine immer überbietbare größte Zahl in mathematischer Unendlichkeit, sondern es bestehe eben darin, den größten Grad der Realität in sich zu begreifen.

Nun könne man sagen: »Es sei unter allem Endlichen was möglich war eine Welt von der größten Vortrefflichkeit, das höchste endliche Gut, allein würdig, von dem obersten unter allen Wesen gewählt zu werden, um mit dem Unendlichen zusammengenommen die größte Summe, die sein kann, auszumachen.« Damit ist die Sache klar. Man kann nicht darüber streiten, ob »die höchste Weisheit habe das Schlechtere besser finden können als das Beste«... Da zielt der gehorsame Untertan im fernen Königsberg auf eine hohe Akademie und erhebt seine Stimme zu öffentlicher Schelte: »Man bedienet sich der Weltweisheit sehr schlecht, wenn man sie dazu gebraucht, die Grundsätze der gesunden Vernunft umzukehren, und man tut ihr wenig Ehre an, wenn man, um solche Bemühungen zu widerlegen, es noch nötig findet, ihre Waffen aufzubieten.« Alle Rabulistik der Gegner des Optimismus laufe auf den Alptraum der Gnosis hinaus, daß ein böser Schelm aus göttlichem Hause eine Spottgeburt von Welt zusammengekleistert habe; Kant spricht davon, »sich so etwas von einer Untergottheit der Fabel träumen zu lassen, aber dem Gott der Götter geziemet kein Werk, als welches seiner würdig ist, d.i., welches unter allem Möglichen das Beste ist«. Ein Mißbegriff einer »erdichteten Art von Freiheit« ist es zu glauben, ein höchstes Wesen könne etwas anderes als das Beste wählen: »Dank vor eine solche Freiheit, die das Beste unter dem, was zu schaffen möglich war, ins ewige Nichts verbannet, um trotz allem Ausspruche der Weisheit dem Übel zu gebieten daß es etwas sei.«

Wie Rousseau in seinem Brief und wie Voltaire im *Candide* begründet er die Existenz des Menschen nicht auf die Erklärbarkeit der Welt, sondern umgekehrt das, was wir uns von der Welt denken können, auf unser Dasein. Dabei macht er die feine Wendung: »um des Ganzen willen auserlesen, schätze ich mein Dasein desto höher, weil ich erkoren ward, in dem besten Plane eine Stelle einzunehmen.« Der pessimistische König erleidet hier im Jahr der Schlacht von Kunersdorf eine nicht geringere Niederlage, nicht vom äußeren Feinde, sondern durch das bessere Argument des Untertanen, der auch unbedenklich in diesen Jahren vor russischen Offizieren in Königsberg Vorlesungen über Ballistik hielt. Allen Geschöpfen diesseits und jenseits unsinniger Grenzen ruft er zu: »Heil uns, wir sind!«, und wenn die unermeßlichen Räume auch dem Verstande undurchdringlich sind, so, sagt er, werde ich »um mich schauen, so weit ich kann, und immer mehr einsehen lernen: *daß das Ganze das Beste sei, und alles um des Ganzen willen gut sei*«.

Das ist eine vermittelnde Position. Der Skandal der Berliner Akademie nötigte den Philosophen vom Fach zu einer Entgegnung. Er versucht, Leibniz' Gedanken zu retten, ohne sich auf die dogmatische Ausbildung in der Wolffischen Schule festzulegen. Er konnte das Problem nicht beiseite schieben, und es verwandelte sich natürlich im Laufe seiner kritischen Arbeit. Als ihn, wie er sagte, David Hume (1711–1776) aus dem dogmatischen Schlummer erweckt hatte, machte er sich daran, die Bedingungen unseres Erkenntnisvermögens zu klären und zu bestimmen. Bei dieser Bemühung, die sich in den drei Kritiken (›Kritik der reinen Vernunft‹, 1781; ›Kritik der praktischen Vernunft‹, 1788; ›Kritik der Urteilskraft‹, 1790) niederschlug, deren erste ihm schon den Titel eines »Alleszermalmers« eintrug, weil er die Ungültigkeit der Gottesbeweise darlegte, änderte sich mit dem Begriff eines höchsten Wesens auch der einer besten Welt.

Kant kommt 1791 – das Erdbeben von Lissabon liegt eine Weile zurück und ein Beben der politischen Welt erregt mit der Französischen Revolution seine Anteilnahme – noch einmal auf das Problem und gesteht schon im Titel die Schwierigkeit der Sache ein: *Über das Mißlingen aller philosophischen Versuche in der Theodizee.* Der große und verführerische Erfolg der astronomischen Revolution in der neuzeitlichen Wissenschaft hatte darin bestanden, die, wie Kant gern vom eignen Denken sagt, »kopernikanische Wende« in zwei Jahrhunderten durch eine völlig verwandelte Physik zu einer Theorie des Himmelssystems zu machen, wozu er selbst mit seiner ersten umfangreichen Schrift ›Naturgeschichte und Theorie des Himmels‹ im Jahre des Erdbebens, 1755, beigetragen hatte, auf Newtonscher Grundlage. Diese gegen alle Einwände glanzvoll erforschte »Kunstweisheit« der Gesetze des Universums in physikalischer Hinsicht ließ sich mit der unerforschbaren »moralischen Weisheit in einer Sinnenwelt« nicht in Übereinstimmung bringen.

Das war der Unterschied, den Kant in der Gegenüberstellung einer reinen (theoretischen) Vernunft, die zu keinem Gottesbeweis fähig ist, mit einer praktischen Vernunft, die es uns erlaubt, uns handelnd unserer Freiheit und damit einer metaphysischen Idee zu vergewissern, ausarbeitet. Den Abgrund zwischen beiden versucht er mit der *Kritik der Urteilskraft* zu überbrücken, die ja keine Philosophie der Kunst ist, sondern eine Theorie des

›Sensus communis‹, dank welchem wir alle übereinstimmend einen Gegenstand der Natur oder der schönen Kunst ›schön‹ finden und einem jeden Zustimmung zu diesem Gefühlsurteil zumuten können. Ganz entsprechend bedient er sich dort, wo ein Widerstreit zwischen der »übersinnlichen (intelligiblen) Welt« und der »Sinnenwelt« nur durch eine Einsicht, zu der »kein Sterblicher gelangen kann«, zu versöhnen wäre, einer »*authentischen* Theodizee«.

Wie oft in dieser Zeit, zum Beispiel in der Schrift *Streit der Fakultäten*, nimmt Kant das Bild vom Prozeß vor dem Gerichtshofe der Vernunft. Auch sein Begriff der ›Kritik‹ ist ja über die Analyse und Klärung der Bedingungen der Erkenntnis hinaus noch mit dem griechischen Ursprung des Wortes verbunden (krinō, und krisis), das zunächst trennen, unterscheiden, und dann urteilen und richten bedeutet. »Förmliche Widerlegung« wäre da gefordert und nicht ein »Machtanspruch«, der das Problem beseitigt oder die menschliche Vernunft für unzuständig erklärt. Das moralische Übel (das Böse, die Sünde) und das physische Übel sind nicht zu leugnen. Mit feinen Unterscheidungen führt er den Leser entlang den Schlingen der Rabulistik, die Theologen und Metaphysiker ersonnen haben. Oftmals wurde versucht, gegen die Einwände, es gäbe doch mehr Schmerz als Lust und keine Strafen für die Verbrechen in der Welt, ja überhaupt mehr Übel als Gutes, vernünftelnd oder durch das Aufschieben der Lösung auf eine künftige Welt zu antworten:

»Der Ausgang dieses Rechtshandels vor dem Gerichtshofe der Philosophie ist nun: daß alle bisherige Theodizee das nicht leiste was sie verspricht, nämlich die moralische Weisheit in der Weltregierung gegen die Zweifel, die dagegen aus dem, was die Erfahrung an dieser Welt zu erkennen gibt, gemacht werden, zu rechtfertigen.« Wir haben einen Begriff von der »Kunstweisheit in der Einrichtung dieser Welt«, und wir haben »auch einen Begriff von einer moralischen Weisheit, ... an der sittlichen Idee unserer praktischen Vernunft. – Aber von der Einheit in der Zusammenstimmung jener Kunstweisheit mit der moralischen Weisheit in einer Sinnenwelt haben wir keinen Begriff; und können auch zu demselben nie zu gelangen hoffen«. Statt einer Lösung also bedient Kant sich nun doch eines Machtanspruchs mit der »authentischen Theodizee« des Buches Hiob und gesteht wie dieser, gegen die falschen Freunde, die »sich zu dem System der Erklärung aller Übel in der Welt aus der göttlichen Gerechtigkeit« bekennen, unser Nichtwissen.

An die Rechtfertigungen des Übels richtet er Hiobs Frage an seine Freunde: »Wollt ihr Gott verteidigen mit Unrecht?« Der Fortschritt seit jenen alten Zeiten ist wohl nicht groß. Mit modernen Begriffen muß Kant die Theorie der Freunde Hiobs so charakterisieren, daß sie »eher den Anschein mehrerer spekulativen Vernunft und frommer Demut« habe, »und Hiob würde wahrscheinlicher Weise vor einem jeden Gerichte dogmatischer Theologen, vor einer Synode, einer Inquisition, einer ehrwürdigen Classis, oder einem jeden Oberkonsistorium unserer Zeit (ein einziges ausgenommen), ein schlimmes Schicksal erfahren haben«. Nur die »Aufrichtigkeit des Herzens« und »Redlichkeit« sind es, »welche den Vorzug des redlichen Mannes, in der Person Hiobs, vor dem religiösen Schmeichler im göttlichen Richterausspruch entschieden haben«. Und – wie verkehrt ist doch die Welt und wie wenig lernt sie dazu! – Hiob begründet wie der von den Theologen verlästerte Pierre Bayle, zu dessen Widerlegung einst das System des Optimum geschaffen wurde, »nicht seine Moralität auf den Glauben, sondern den Glauben auf die Moralität«.

Hat Voltaire mit dem *Candide* auch Immanuel Kant besiegt? Der Philosoph schickt die Philosophie nach Hause, nachdem sie ihre Schuldigkeit getan hat, zu erweisen, wozu sie nicht in der Lage ist. Und er fügt ein Bekenntnis an: »Es liegt etwas Rührendes und Seelenerhebendes in der Aufstellung eines aufrichtigen, von aller Falschheit und positiven Verstellung entfernten Charakters.« Denn die größte Gefahr scheint ihm in »der tief im Verborgnen liegenden Unlauterkeit« zu liegen, »da der Mensch sogar die innern Aussagen vor seinem eignen Gewissen zu verfälschen weiß«. Neben der frommen Selbsttäuschung, die in beiden großen Konfessionen grassierte, gibt es auch eine theoretische, nach der Französischen Revolution sagte man: ›Ideologische‹, welche die Wahrnehmung der äußeren Welt und des eigenen Inneren verändert.

Kants Vorgehen geschieht mit verhaltener Ironie. Er geht hinter Begriffen der Schulphilosophie in Deckung, er parodiert – durchaus ernsthaft – die Formen von Gerichtsprozessen oder von Friedensverträgen mit Definitivartikeln und einem geheimen Zusatzartikel (daß die Maximen der Philosophen zu Rate gezogen werden von den zum Krieg gerüsteten Mächten). Aber all das geschieht auf einem Fundament von Überzeugungen, worin er Voltaire und dem Candide nicht unähnlich ist. Unter dem Titel ›Zum ewigen Frieden‹ zitiert Karl Kraus eine Stelle (die aber nicht aus der gleichnamigen Schrift, sondern aus der ›Über den Gemeinspruch: Das mag in der Theorie richtig sein, taugt aber nicht für die Praxis‹, 1793, stammt), die er in Versen kommentiert, von denen einige hier das Zitat erläutern sollen:

> »Bei dem traurigen Anblick nicht sowohl der Übel, die das menschliche Geschlecht aus Naturursachen drücken, als vielmehr derjenigen, welche die Menschen sich untereinander selbst anthun, erheitert sich doch das Gemüth durch die Aussicht, es könne künftig besser werden; *und zwar* mit uneigennützigem Wohlwollen, wenn wir längst zu Grabe sein und die Früchte, die wir zum Teil selbst gesät haben, nicht einernten werden.«

> Nie las ein Blick, von Thränen übermannt,
> ein Wort wie dieses von Immanuel Kant.
>
> Bei Gott, kein Trost des Himmels übertrifft
> die heilige Hoffnung dieser Grabesschrift.
>
> Dies Grab ist ein erhabener Verzicht:
> »Mir wird es finster, und es werde Licht!«
>
> Für alles Werden, das am Menschen krankt,
> stirbt der Unsterbliche. Er glaubt und dankt.

Ihm hellt den Abschied von dem dunklen Tag,
daß dir noch einst die Sonne scheinen mag.

Durchs Höllentor des Heute und Hienieden
vertrauend träumt er hin zum ewigen Frieden.

Er sagt es, und die Welt ist wieder wahr,
und Gottes Herz erschließt sich mit »und zwar« ... (1918)

Karl Kraus hat das 1918 geschrieben, als Europa wankte und nicht nur Lissabon. Trotzdem ist es eine Theodizee. Sie sucht Hoffnung im Vergangenen, um an die Zukunft denken zu können.

Die sanfte Empfindung des Daseins

Le doux sentiment de l'existence« nannte Rousseau in seinem ›Brief an Voltaire‹ vom 18. August 1756 zu dessen ›Gedicht über das Erdbeben von Lissabon‹ das, was die Philosophen vergessen, wenn sie die Güter und Übel des Lebens zu veranschlagen suchen. Nicht die Deutung der Welt und eine moralische Rechtfertigung der Schöpfung steht in unseren Kräften, sondern umgekehrt: gegeben ist das Gefühl der Existenz, die sanfte Empfindung des Daseins. Existenzphilosophie ist keine Erfindung des 20. Jahrhunderts. Sie ist eine Erneuerung des Denkens gegenüber der Enge und Dogmatik der Scholastik im Mittelalter und der zweiten Scholastik in der Schulphilosophie. Daher gibt es ein Denken von der Existenz her in der Philosophie der Renaissance, vor allem bei dem wunderbaren Giovanni Pico della Mirandola (1463–1494), der über die *Würde des Menschen* schrieb und die Gesetze der Natur mit der Freiheit des Menschen zu versöhnen strebte, aber auch schon bei Lorenzo Valla (1405–1457), dessen Dialog *Über die Freiheit des Willens* (1442) ja Leibniz am Ende der *Theodicée* (1710) weiterdichtet, über einen

Zeitabstand hinweg, der dem entspricht, der uns heute vom Erdbeben von Lissabon trennt.

Und es gibt ein Denken der Existenz, über die Empfindung, das Gefühl und wie bei Rousseau, als Kritik »der« Philosophie, als sei sie eine Sache der anderen und als habe er nichts mit ihr zu schaffen. Da wir Voltaire nicht nur durch sein in der Erregung geschriebenes ›Gedicht über das Erdbeben von Lissabon‹, sondern mit der reiferen Antwort auf Rousseaus Brief, der ja nicht frei von Ranküne war, mit dem dafür frisch erfundenen philosophischen Roman *Candide* zu Worte kommen ließen, und Kant nach der ›*Naturbeschreibung*‹ und der Verteidigung des Optimismus mit der souveränen Abschiedsgeste des *Mißlingens aller philosophischen Versuche in der Theodizee,* hat auch Rousseau das Recht auf ein Schlußwort zum Thema.

Es ist ein Wort, das Rousseaus Werk und Leben abschließt. Es ist auch ein Wort, worin er selbst die zeit seines Lebens nicht gefundene Ruhe endlich findet. Der ›Brief an Voltaire‹ zirkulierte nur handschriftlich und wurde durch Indiskretion des Herrn Formey in Berlin, der schon bei der Preisfrage der Akademie unrühmlich in Erscheinung getreten war, 1759 veröffentlicht. Rousseau, der stets sein reines Herz zu einer gegen ihn verschworenen Welt in Opposition stellte und in einem immer wieder aufflammenden Verfolgungswahn lebte, schrieb zu seiner Entschuldigung einen zweiten Brief. Der machte alles schlimmer. Er erklärt seine Unschuld und verabschiedet sich in einem Jahrhundert der Höflichkeit mit einer doch ein wenig befremdlichen Geste:

»Ich liebe Sie nicht, mein Herr. Sie haben mir, Ihrem Schüler und begeisterten Verehrer, gerade das Leid zugefügt, das mich am meisten schmerzen mußte. Zum Dank für die Zuflucht, die Sie in Genf gefunden haben, haben Sie es verdorben; zum Dank für die Bewunderung, die ich meinen Mitbürgern für Sie eingegeben, haben Sie mich ihnen entfremdet. Sie machen mir den Aufenthalt in meinem Vaterland unerträglich, Sie sind Ursache, daß ich des Trostes aller Sterbenden beraubt auf fremder Erde sterben muß und keine Ehre erlangen werde als auf den Schindanger geworfen zu werden, während Sie in meiner Heimat alle Ehren genießen, die nur je einem Menschen erwiesen wurden. Ich hasse Sie also, denn so haben Sie es gewollt, aber ich hasse Sie als ein Mensch, dem es besser angestanden hätte Sie zu lieben, wenn Sie es gewollt hätten.« Er rühmt Voltaires schönen Geist (le beau génie) und liebe immer noch seine Schriften, um damit, in einer Zeit, als stärker denn je das hohe Werk als Ausdruck eines hohen Charakters verstanden wurde, die Verachtung für seine Person und seine Meinungen zu bekunden. Weiter konnte man die Schmach kaum treiben.

Es gehört zu den traurigen Erscheinungen in der Literaturgeschichte, daß es lange vor allem in Deutschland Mode war, die Beschimpfung eines Eifersüchtigen, der unter Verfolgungswahn litt, zum Kriterium der Beurteilung Voltaires zu machen. Voltaire mußte verwirren. Er war nicht nur der glänzende Schriftsteller und beherrschende Geist der Epoche, er besaß das Verantwortungsgefühl, die englische Physik und Erkenntnistheorie auf dem Kontinent publik zu machen, sich in die Weltgeschichte einzuarbeiten, um einen Sinn in ihr zu finden. Er war erfolgreicher Spekulant, Finanzmann und Unternehmer, aber zugleich der wirkungsvollste Anwalt der Opfer staatlichen Unrechts, der die Rechte des Menschen und Bürgers verteidigte und dabei den einzelnen leidenden Menschen nicht vergaß, sondern Fürsten Europas zur Kasse forderte und selbst großzügig Hilfe leistete. Alles Fähigkeiten, die dem armen Jean-Jacques Rousseau völlig abgingen. Da ist doch einmal Gelegenheit, die Weisheit der französischen Nationalversammlung zu würdigen, die nach den Schrecken der Terreur im Sommer 1794 die sterblichen Reste sowohl von Rousseau wie von Voltaire ins Pantheon überführte. Als brüderliche Geister sozusagen. Und wir brauchen ja auch beide.

Rousseau ist nicht ohne Einsicht in seinen Zustand. Er weiß, daß er alle Dinge zum schlimmsten wendet, und er findet sogar in den (eingebildeten) Verfolgungen die Ursache für die Kultur der reinen Empfindung, der zärtlichsten Liebe, durch die er sich vor allen anderen Menschen auszuzeichnen glaubt. Nach den

Bekenntnissen, die er ab 1766 etwa bis 1770 schreibt und nicht selbst veröffentlicht, aber in Vorlesungen in den Salons adliger Damen vorträgt, was so viel Sensation erregt, daß die Polizei diese Lesungen verbietet, und den Dialogen ›Rousseau juge de Jean-Jacques‹, die voll selbstquälerischer Selbstrechtfertigung sind, schreibt Rousseau abschließend von 1776 bis zu seinem Tode 1778 die *Träumereien eines einsamen Spaziergängers* (Rêveries du promeneur solitaire, Erstdruck 1782).

In der Fünften ›Promenade‹, die doch mehr Träumerei als Spaziergang ist, vergewissert er sich, um sich vor den Menschen zu rechtfertigen, des Glücks, das ihm in kurzen Augenblicken zugemessen war. Das vollkommenste Glück habe er auf der damals einsamen Petersinsel im Bieler See genossen. Es gab überhaupt nichts Außerordentliches. Landschaftliche Schönheit gewiß, der Bieler See ist »wilder und romantischer« als der Genfer See. Es gibt mehr Natur, und doch ist sie heiter. Von den beiden Inseln ist die eine größer und bebaut, die kleinere einsam und brach und zudem bedroht von Wogen, die an ihr nagen, und den Menschen, die dort Erde holen, um Schäden an der größeren Insel auszubessern. Man wird leicht raten, welche Rousseaus Zuneigung gewann. Sie stehen sich gegenüber, wie er Voltaire und sich selbst sah. »Denn so benutzt man die Substanz des Schwächeren stets zum Nutzen des Mächtigen.«

Ein einziges Haus, in dem er Zuflucht findet, kaum zwei Monate eines Aufenthalts, dem er ewige Dauer wünschte. »Ich rechne diese beiden Monate für die glücklichste Zeit meines Lebens und dermaßen glücklich, daß es mir während meines ganzen Daseins genügt hätte, ohne auch nur einen Augenblick lang in meiner Seele den Wunsch nach einem anderen Zustand entstehen zu lassen.« – »Was war nun dieses Glück und worin bestand seine Wonne? Ich würde es allen Menschen dieses Jahrhunderts zu raten aufgeben nach der Beschreibung des Lebens, das ich dort führte. Das kostbare ›far niente‹ war die erste und wichtigste der Wonnen, die ich in aller Süße kosten wollte, und alles, was ich während meines Aufenthaltes tat, war wirklich nur die köstliche und notwendige Beschäftigung eines Menschen, der sich dem Müßiggang weiht.« Nichts lesen, nichts schreiben, sogar die Bücher bleiben unausgepackt und das Schreibgerät. Er umgibt sich mit Blumen, die er beim Botanisieren, das ihm gerade zur Leidenschaft geworden ist, auf der kleinen Insel findet. Andacht zum Geringsten, und natürlich plant er eine ›Flora der Petersinsel‹ zu schreiben, die erschöpfend sein muß, jede Pflanze berücksichtigt und ihn bis ans Ende seines Lebens beschäftigte. Linnés *System der Natur* (1735) läßt ihn wie viele Zeitgenossen mit Neugier und Entzücken in den unschuldigen Pflanzen die verwirrende Vielfalt ihrer Fortpflanzungsorgane entdecken, nach deren Varianten Linné seine Klassifikationen ordnet. Wie der Wassertropfen unter dem Mikroskop, enthüllt der belehrte Blick in die einfachste Natur von Wiese, Busch und Wald die überwältigende Fülle der Natur und ihre weit über der Enge menschlicher Moral stehenden Strukturgesetze.

Neben dieser sinnlichen Erkenntnis die einfache Arbeit mit den Erntearbeitern. Wenn Besucher aus Bern den berühmten Verfasser des *Gesellschaftsvertrags*, des *Émile* und der *Neuen Héloïse* besichtigen wollten, saß er auf Bäumen und pflückte Obst in Säcke, wie er beschreibt. Und nach dem Essen nahm er sich ein Boot, ruderte hinaus und streckte sich im Boot aus, um sich tausend verworrenen und köstlichen Träumereien zu überlassen. Er gibt sich Gedanken über das beständige Fließen der Dinge auf Erden hin, den Wechsel und die vergängliche Zeit, die uns kaum einen Augenblick des höchsten Glücks beschert, dem wir Dauer wünschten. Da fand seine Seele Ruhe, ohne Sorge um Künftiges oder bittere Erinnerung, die Gegenwart dauert, ohne Dauer und Zeitfolge bemerken zu lassen. Die Seele ist »ohne jedes andere Gefühl von Mangel oder Genuß, Lust oder Qual, von Wunsch oder Furcht als allein das Gefühl unseres Daseins, und dieses Gefühl allein vermag die Seele gänzlich auszufüllen. Solange dieser Zustand anhält, kann der, der sich darin befindet, sich glücklich nennen, nicht von einem unvollkommenen, armen und relativen Glück, wie es die Freuden des Lebens gewähren, sondern von einem selbstgenügsamen, vollkommenen und erfüllten Glück, das in der Seele keinerlei Leere übrigläßt, die sie auszufüllen das Bedürfnis empfinden könnte«.

Das ist das Glück, das ihn rechtfertigt, und er hat es auf dieser Insel, in seinem Boot, oft empfunden. »Was genießt man in einer solchen Lage? Nichts außerhalb seiner selbst, nichts als sich selbst und sein eigenes Dasein. Solange dieser Zustand währt, genügt man wie Gott sich selbst. Das Gefühl des Daseins, jeder anderen Empfindung ledig, ist durch sich selbst ein köstliches Gefühl von Zufriedenheit und Frieden, das allein genügte, um dieses Dasein dem teuer und süß zu machen, der alle sinnlichen und irdischen Eindrücke fernzuhalten verstünde, die uns unablässig davon abziehen und diese Süße hier stören.« Frei von Affekten scheint man unbewegt, um doch der Phantasie um so mehr die Zügel zu lassen. Ja, selbst fern von dem Ort, der das Glück hervorrief, vermag er es sich vorzustellen, überwindet die irdische Mühsal und Mißgunst der Menschen. Denn was ihm die Realität verwehrt, erobert er sich auf den Flügeln der Einbildungskraft. So ist er glücklich und frei, und scheint endlich sein Leben ertragen zu können, da es, wie er fühlt, ans Ende kommt. Man hat leben gelernt, wenn es ans Sterben geht. Schließlich braucht man das Leben nicht mehr, und der Tod ist zu Ende, wenn man stirbt.

Der Philosophie war es nicht gelungen, die fast gelösten Rätsel der physikalischen Welt mit den fast unlösbaren Rätseln der moralischen Welt in Übereinstimmung zu bringen. Die Philosophie rettet sich in eine Freistatt des Unwissens (›asylum ignorantiae‹ nannte Spinoza das) und scheut sich nicht länger, ihr Unwissen einzugestehen. Dafür entdeckt sie dort die Existenz, das Gefühl des Daseins. Man versichert sich dessen nach Maßgabe der Fähigkeiten, Voltaire in der heiteren Weisheit des *Candide*, Kant in der Resignation des Philosophen und Rousseau in der Seligkeit des Gefühls. Weiter sind wir auch nicht gekommen. Der Versuch, das Denken der Existenz mit scholastischen Mitteln aufzumöbeln und die Bescheidenheit der Analyse durch das Pathos radikaler Fragen zu vertuschen, hat der Sache nicht sehr geholfen. Sie wurde nur so wenig verständlich gemacht, daß sie eine Schar deutender Priester in Brot und Arbeit setzt. Und das ist ja auch etwas.

Nachbeben

Mit dem Erdbeben von Lissabon war das Thema einmal da, die Frage vom Übel in der Welt, von der Blindheit der Vorsehung, vom Zweifel an der Gerechtigkeit Gottes, und man mußte sehen, wie man diese Traumatisierung abarbeitete. Durch schlechte Predigten und Verse die einen, durch naturwissenschaftliche Beobachtungen die anderen. Manche standen mitten drin. Etwa Diderot, der öfter dem Baron Melchior Grimm und seiner *Literarischen Korrespondenz*, einer handschriftlich vervielfältigten Zeitschrift, die alle vierzehn Tage die Ereignisse aus Paris an gut bezahlende europäische Fürsten meldete, hilfreich zur Hand ging. Dort wird natürlich, während Diderot und seine Freunde an der *Encyclopédie* arbeiten, die moral-theologische Deutung des Erdbebens abgelehnt und nach der geologischen Verursachung gefragt.

Diderot schrieb seinen philosophischen Roman mit *Jakob und sein Herr* (Jacques le fataliste et son maître), der zunächst in dieser handschriftlich verbreiteten Zeitschrift erschien (in Folgen vom November 1778 bis Juli 1780) und erst auf Deutsch gedruckt wurde (1792), ehe man das Original 1796 publizierte. Es geht um Vorherbestimmung und Willensfreiheit, um Herrschaft und Knechtschaft, aber auf die vergnüglichste Weise, weil das Leben allen vorgefaßten Theorien widerspricht. Der spinozistisch von seinem früheren Herrn indoktrinierte Jakob führt seinen Herrn, der gut katholisch an die Willensfreiheit glaubt, mit der er nichts anzufangen weiß, am Bändel. Alles stehe im großen Buch der Vorsehung geschrieben, behauptet steif und fest Jakob, der seinerseits immer unterbrochen wird, wenn er seine Geschichte erzählen soll. So fliehen sein Bruder, der ein erst erfolgreicher und dann durch Mißgunst gedemütigter Karmeliter-Mönch war und ein anderer, dem es nicht besser erging, aus dem Kloster nach Lissabon. Der Herr (der stets seine Uhr ziehen und eine Prise aus der Schnupftabaksdose nehmen muß) fragt: »Aber was wollten sie in Lissabon machen. – Jakob: Ein Erdbeben aufsuchen, das nicht ohne sie geschehen konnte; zerschmettert, verschlungen, verbrannt werden, wie es dort oben geschrieben stand.«

Das ist die knappeste Darstellung des Erdbebens von Lissabon, die sich in der Literatur findet. Es ist absichtlich nur angespielt, um den Glauben an die Verkettung von Ursache und Wirkung ins Absurde zu treiben, wie es Pangloss im *Candide* auf seine Weise getan hatte. Als Denker aber hat Diderot tiefer angesetzt. Er steht in dem Bruch der prägenden Denkmodelle, in einem Paradigmenwechsel vom geometrischen Ideal zu einer viel bunteren und verwirrenderen Wirklichkeit, wie sie die neuen Wissenschaften vom Leben gerade entdeckten. Für ihn gibt es nicht nur die Denkbarkeit einer Vielzahl von Welten, sondern er stellt sich die Realität in einer Folge von Experimenten vor, von denen viele mißglücken und ganze Welten zugrunde gehen können. Diese kühne und höchst gefährliche Sicht der Dinge, für die er auch mit der Haft im Turm von Vincennes bestraft wurde, legt er einem blinden englischen Geometer in den Mund, dem damals bereits verstorbenen Saunderson, in seinem *Brief über die Blinden zum Gebrauch für die Sehenden* (1748).

Wie sieht ein Blinder die Welt, wie ersetzt er die fehlende Sehkraft durch den imaginär verlängerten Tastsinn, wie konstruiert er seine Geometrie? Das waren die ersten Fragen, die der Wahrnehmungspsychologie. Aber Diderot denkt im Ganzen. Wie sieht die Moral eines Blinden aus? Die äußerliche zum Beispiel, denn was soll einem Blinden die Scham, die auf dem Sinn des Auges beruht, auf dem Gesehenwerden und Sehen. Aber wie stellt sich dem Blinden die moralische Welt im Ganzen dar? Kann ein Blinder an einen gütigen Schöpfer glauben, der dem einen das Augenlicht schenkt, das er dem anderen vorenthält.

Oder herrscht da ein Zufall, ein selbst blindes Schicksal. Diderot benutzt dieses Experiment, mit den Gedanken eines Blinden die Welt zu entwerfen, um die blinden Vorurteile der Sehenden über den Haufen zu werfen. Und als Dichter greift er tief in die Kiste der rührenden und erhabenen Wirkungen, wenn er die Todesstunde Saundersons wählt, als dieser einem Geistlichen im Angesicht der Ewigkeit sein wissenschaftliches Testament verkündet. Ein wenig müssen wir daraus zitieren, damit man sieht, was man vor dem Erdbeben von Lissabon über die beste aller Welten denken konnte.

Der Geistliche führt mit dem Sterbenden ein Gespräch über die Existenz Gottes und die Wunder der Natur. »Aber Hochwürden, erwiderte der blinde Philosoph, bleiben Sie mir doch mit dem ganzen schönen Schauspiel vom Leibe, das nie für mich aufgeführt worden ist.« Er bedürfte eines tastbaren Gottes. Der gewandte Geistliche ist nicht entwaffnet: »Legen Sie die Hände auf sich selbst und Sie werden der Gottheit in der bewundernswerten Einrichtung ihres Körpers begegnen.« Aber dieses Argument für die Naiven kann einen experimentierenden Wissenschaftler nicht befriedigen: »Was hat die Einrichtung der Lebewesen mit einem höchsten denkenden Wesen gemein?« Andere staunten ja schon, daß er ohne Augen Geometrie betreiben kann, was doch gar nichts beweise. Unser Unwissen macht Wunder aus dem Natürlichen. Da kommt der Geistliche ihm mit Newton und Leibniz, was seinen Eindruck nicht ganz verfehlt. Aber hier gehe es ums Wissen, und nicht um den Glauben, noch dazu den blinden Glauben aufs Hörensagen. Wie ist die Welt im Ursprung von Materie und Bewegung zu denken?

»Wer hat Ihnen, Leibniz und Newton gesagt, daß in den ersten Augenblicken der Bildung von Lebewesen nicht die einen keinen Kopf und die anderen keine Füße hatten? Ich kann Ihnen versichern, daß die einen ohne Magen, die anderen ohne Zeugungsorgane waren; daß diejenigen, denen ein Magen, ein Gaumen und Zähne einige Lebensdauer zu versprechen schienen, durch einen Herz- oder Lungenfehler endeten; daß die monströsen Geschöpfe allmählich ausgestorben, alle fehlerhaften

Verbindungen der Materie verschwunden sind und nur die übrigblieben, deren Einrichtung keinen bedeutenden Widerspruch enthielt, die durch sich selbst bestehen und sich fortpflanzen konnten. Wenn der erste Mensch unter dieser Voraussetzung einen zugewachsenen Kehlkopf gehabt, keine bekömmlichen Nahrungsmittel gefunden, mit den Zeugungsorganen gesündigt hätte, seiner Gefährtin nicht begegnet wäre oder sich in einer anderen Gattung vermehrt hätte, was wäre dann das menschliche Geschlecht? Es wäre in den allgemeinen Reinigungsprozeß des Weltalls hineingezogen worden, und das stolze Wesen, das sich Mensch nennt, aufgelöst und zerstreut zwischen die Moleküle der Materie, wäre vielleicht für immer im Reich der Möglichkeit verblieben.«

Der Begriff möglicher Welten hat hier schon einen ganz anderen Sinn als bei den Debatten über die beste Welt. Was früher geometrische Perfektion war, ist nun Funktionsfähigkeit. So sieht der blinde Wissenschaftler tief in die Entstehung der Welten: »Ich vermute also, daß im Anfang, als die gärende Materie die Welt anbrechen ließ, Meinesgleichen sehr gewöhnlich waren. Aber warum sollte ich von den Welten nicht behaupten, was ich von den Lebewesen glaubte? Wie viele verkrüppelte, mißlungene Welten sind schon vergangen, bilden sich neu und vergehen vielleicht in jedem Augenblick in entfernten Räumen, wo ich nichts ertasten kann und Sie nichts sehen; wo aber die Bewegung fort und fort Materiemassen in Verbindungen bringt, bis sie eine Ordnung erhalten, in welcher sie dauern können. O Philosophen, überschreitet doch mit mir die Grenzen dieser Welt, jenseits des Punktes, wo ich gestaltete Wesen ertaste und Ihr sie seht; ergeht Euch auf dieser neuen See und sucht in ihren Strömen und Wirbeln Spuren des denkenden Wesens, dessen Weisheit Ihr hier bewundert! ... Was ist diese Welt? Ein Stückwerk, das Umwälzungen unterliegt, die sämtlich auf eine anhaltende Neigung zur Zerstörung deuten; ein rascher Wechsel von Wesen, die einander folgen, sich drängen und verschwinden; ein vergängliches Gleichmaß, eine Ordnung für den Augenblick ... Sie urteilen über das sukzessive Dasein der Welt wie eine Eintagsfliege über Ihr Leben ... Zeit, Materie und Raum sind vielleicht nur ein Punkt.«

Wer so denkt, steht jenseits des Streits um den Optimismus. Deshalb kann Diderot Leibniz würdigen und bewundern, im Artikel ›Leibnitzianisme‹ des 9. Bandes der *Encyclopédie*, 1765, ohne ihn mit Pope zu verwechseln, ohne in dem von Newton beherrschten Jahrhundert das Potential von unausgeschöpften Gedanken in Leibniz' Werk zu verkennen. Mit den lächerlichen Machenschaften der Berliner Akademie und ihres pessimistischen, weltverachtenden Königs verglichen, werden bei Diderot nicht Machtkämpfe von vorgestern ausgefochten, sondern Möglichkeiten des Denkens eröffnet. Vom beständigen Wechsel, vom möglichen Mißlingen und Nichtseinkönnen einzelner Dinge und ganzer Welten aus wird nicht mehr über die unterschiedliche Vollkommenheit der Substanzen, sondern über Funktionen nachgedacht. Auch zerfließt Diderot nicht in die Empfindungen der Nervenenden, in die Gefühle und Entzükkungen, wie es Rousseau geschieht oder wie er es doch von sich selbst beschreibt. Diderot analysiert dieses neue Universum der Empfindungen, des Wechsels und der entstehenden und sich wandelnden Wesen in einem der lebendigsten Werke, die die Philosophie je hervorgebracht hat, in *D'Alemberts Traum* (Le Rêve de d'Alembert, 1769). Aus Traum, Gedankenassoziation und phantastischen Folgerungen wird da im Gespräch diese neue Welt entfaltet. Was so willkürlich erscheinen kann, ist in Wahrheit ein getreues Bild davon, wie unsere Gedanken entstehen, und nicht des Bildes, das man hinterher konstruiert, um sie zu beweisen.

Nachbeben, grollend und krähend

Einen ganz anderen Bezug zum Erdbeben von Lissabon wird Heinrich von Kleist (1777–1811) aufnehmen, wenn er seine Erzählung ***Das Erdbeben in Chili*** (1810) schreibt, das ein Jahrhundert früher auf der anderen Seite des Atlantik spielt. Die Einzelheiten der Beschreibung aber entnimmt er Schilderungen der Lissaboner Katastrophe. Kleist stand nie im Verdacht, dem Optimismus zu huldigen, dafür fühlte er sich zu heftig im Mißverhältnis zur Welt und zu den Menschen. Die Kantische Philosophie hatte ihn durch ihren unbedingten Moralismus angezogen und in Schwierigkeiten gebracht. Er wollte einen reinen abstrakten Gedanken auf seine Existenz anwenden, die er stets neu zu gründen und zu konstruieren versuchte.

So beschäftigen ihn auch kaum die Schrecken der entfesselten Natur. Die sind ihm lediglich Staffage im Vordergrund für eine ausweglose Konstellation menschlicher Beziehungen. Schlimmer als die Natur, die keine bösen Absichten, nicht Haß oder Neid kennt, sind die Menschen. Und so zeichnet er eine Situation, worin unschuldig schuldig gewordene Liebende gegen alle Wahrscheinlichkeit gerettet werden und sich wiederfinden. Der Edelmut des Mannes, der sich gegen die Bosheit von Menschen für sie einsetzt, wird auf das gräßlich Tröstlichste belohnt. Ein junger Spanier, der durch nichts als die Liebe schuldig geworden ist, will sich eben im Kerker an einem Pfeiler erhängen, als das Erdbeben losbricht, den Kerker zerstört, aber ihn unverletzt läßt und in Freiheit setzt. Die Geliebte ist im gleichen Augenblick auf dem Wege zur Hinrichtung wegen ihrer Verfehlung, die sie sich zuschulden kommen ließ, als ihr Vater sie in ein Kloster gesperrt hatte. Das Kind der Liebe ist bei Nonnen untergebracht.

Die Spannung der Erzählung ist nach kurzer Exposition unerträglich. Er ist ihretwegen in Verzweiflung und will sich eben das Leben nehmen, »als plötzlich der größte Teil der Stadt mit einem Gekrache, als ob das Firmament einstürzte, versank und alles, was Leben atmete, unter seinen Trümmern begrub«. ... »Der Boden wankte unter seinen Füßen, alle Wände des Gefängnisses rissen, der ganze Bau neigte sich, nach der Straße zu einzustürzen, und nur der seinem langsamen Fall begegnende Fall des gegenüberstehenden Gebäudes verhinderte durch eine zufällige Wölbung die gänzliche Zubodenstreckung desselben. Zitternd, mit sträubenden Haaren und Knien, die unter ihm brechen wollten, glitt Jeronimo über den schiefgesenkten Fußboden der Öffnung zu, die der Zusammenschlag beider Häuser in die vordere Wand des Gefängnisses gerissen hatte. Kaum befand er sich im Freien, als die ganze, schon erschütterte Straße auf eine zweite Bewegung der Erde völlig zusammenfiel.« Nur durch die Verwüstung ist hier Rettung möglich, im Augenblick der höchsten Verzweiflung bewegt sich die Erde. Ihm ist dabei, »als ob sein ganzes Bewußtsein zerschmettert worden wäre«. Durch die unwahrscheinlichsten Katastrophen, die ihn durch die zusammenstürzenden Straßen jagen, um hier fliegenden Trümmern, dort lodernden Flammen zu entgehen, vor den Wogen des aus den Ufern getretenen Flusses wie vor den Sterbenden zurückschaudernd, rettet er sich auf einen Hügel vor der Stadt, wo er ohnmächtig niedersinkt.

Kleist ballt die einzelnen Schrecken in eine Satzperiode. Daran bemerkt man den Unterschied der Epochen. Was die literarisch gewiß schwächeren Zeitgenossen des Unglücks in Versen vage aneinandergereiht hatten, schmiedet er in der Glut zu einer Satzperiode zusammen. Da ich die Tatsachen schon paraphrasiert habe, kann man sich ganz auf die Form und den Rhythmus konzentrieren, der nun in der Epoche klassischer Prosa möglich geworden ist: »Hier stürzte noch ein Haus zusammen und jagte ihn, die Trümmer weit umherschleudernd, in eine Nebenstraße; hier leckte die Flamme schon, in Dampfwolken blitzend, aus allen Giebeln und trieb ihn schreckenvoll in eine andre; hier wälzte sich, aus seinem Gestade gehoben, der Mapochofluß auf ihn heran und riß ihn brüllend in eine dritte. Hier lag ein Haufen Erschlagener, hier ächzte noch eine Stimme unter dem Schutte, hier schrien Leute von brennenden Dächern herab, hier kämpften Menschen und Tiere mit den Wellen, hier war ein mutiger Retter bemüht, zu helfen; hier stand ein andrer, bleich wie der Tod, und streckte sprachlos zitternde Hände zum Himmel.«

Wundersam erwacht er aus seiner Ohnmacht zu neuem Leben. Langsam erst begreift er seine Errettung und erinnert sich dann erst der Geliebten, die er tot glauben muß. Aber wider Erwarten findet er sie und zudem das Kind an einer Quelle. Durch eine Häufung noch größerer Unwahrscheinlichkeiten war kurz vor der Hinrichtungsstätte der Zug durcheinandergeraten, sie entweicht, sucht das Kind und findet es in dem schon brennenden Kloster. »Sie wollte der Äbtissin, welche die Hände über ihr Haupt zusammenschlug, eben in die Arme sinken, als diese mit fast allen ihren Klosterfrauen von einem herabfallenden Giebel des Hauses auf eine schmähliche Art erschlagen ward. Josepha bebte bei diesem entsetzlichen Angriffe zurück; sie drückte der Äbtissin flüchtig die Augen zu und floh, ganz von Schrecken erfüllt, den teuern Knaben, den ihr der Himmel wieder geschenkt hatte, dem Verderben zu entreißen. Sie hatte noch wenig Schritte getan, als ihr auch schon die Leiche des Erzbischofs begegnete, die man soeben zerschmettert aus dem Schutt der Kathedrale hervorgezogen hatte. Der Palast des Vizekönigs war versunken, der Gerichtshof, in welchem ihr das Urteil gesprochen worden war, stand in Flammen, und an die Stelle, wo sich ihr väterliches Haus befunden hatte, war ein See getreten und kochte rötliche Dämpfe aus.«

Ein Paroxysmus gewaltsamer Zerstörung, die eine unglaubliche Rettung zu motivieren hat. Entsetzen über Entsetzen. Ein Glück, das alle diese angespielten Greuel nicht ausgemalt werden. Kleist ist sich bewußt, wie Lessing im *Laokoon* (1766) Poesie und Malerei nach ihren Darstellungsmitteln und -möglichkeiten geschieden hatte. Es sind starke Wörter in raschen Rhythmen, die man gar nicht Bild werden lassen darf. Und Augenblicke der Entspannung, wie das Wiederfinden der Liebenden »im Tale, und Seligkeit, als ob es das Tal von Eden gewesen wäre«, lassen aufatmen und teilen die Rührung mit, die die Überlebenden empfinden. Nach der mit allen romantischen Eigenschaften geschilderten Nacht und dem Erwachen zu liebevoller Hilfeleistung und Erinnerung der edelsten Taten im Angesicht des Schreckens und der raschen Versuchung, optimistisch Bilanz zu ziehen, »ob die Summe des allgemeinen Wohlseins nicht von der einen Seite um ebensoviel gewachsen war, als sie von der andern abgenommen hatte«, folgen die schlimmeren Greuel, die sich die Menschen gegenseitig ohne Not zufügen. Haß, Rache, niedere Instinkte, durch Aberglauben aufgeschürt.

Im Überglück der Rettung wollen die Liebenden Gott ihren Dank bezeigen und eine Messe besuchen, wobei sie außer dem eigenen Knaben einen anderen mitführen, den Josepha auch statt seiner verwundeten Mutter stillt. Dessen Vater führt die kleine Gruppe an. In der Kirche werden die verurteilten Liebenden erkannt, beschimpft und gesteinigt, trotz »wetterstrahlender« heldenhafter Verteidigung durch jenen Don Fernando. Dessen Knabe wird mit den Liebenden getötet, während er das Kind der Liebe retten kann und es mit seiner Frau als Pflegesohn annimmt. Als nach dem Wüten der physischen und der unmoralischen Welt und dem Wüten der Phantasie des Dichters im Unglaublichen Don Fernando das gewonnene fremde Kind mit dem verlorenen eigenen vergleicht, »und wie er beide erworben hatte, so war es ihm fast, als müßte er sich freuen«.

Ist das Hohn auf das Schicksal, ein Erklügeln des gerechten Weltplanes, wie man es bei Doktor Pangloss und anderen deutschen Schulphilosophen lernte? Oder Ergebenheit, Resignation auf die Deutung des Geschehens bei dem, dem doch die Existenz bleibt? Sanfter und entfernter erscheinen die Wirkungen des Erdbebens von Lissabon bei einem zweiten deutschen Schriftsteller, Theodor Fontane (1819–1898). In seinem Alterswerk *Der Stechlin* (1896) erinnert er, wie Kant es lange zuvor getan hatte, an die notgedrungene innere Solidarität unserer kleinen Erde. Der Familienname Stechlin leitet sich von dem Namen eines kleinen Sees in der Mark Brandenburg her, der auf merkwürdige Weise mit dem Geschehen der großen Welt in Verbindung stehe. »Wenn's aber draußen etwas Großes gibt, wie vor hundert Jahren in Lissabon, dann brodelt's hier nicht bloß und sprudelt und strudelt, dann steigt statt des Wasserstrahls ein roter Hahn auf und kräht laut in die Lande hinein!«

Der rote Hahn ist das Symbol des Feuers, und wenn es der gallische Hahn ist, zumal aus der Ferne gesehen und für die lieben Deutschen, so steht er für die Französische Revolution. Stärker noch als das Erdbeben von Lissabon hat diese Erschütterung der politischen Welt die Gemüter erschüttert, und länger anhaltend. Immanuel Kant im fernen Königsberg erblickte in der »Teilnehmung dem Wunsche nach, die nahe an Enthusiasm grenzt, und deren Äußerung selbst mit Gefahr verbunden war« (es gab Publikationsverbote, sogar für Kant, wenn auch eher in Religionsdingen, und Amtsenthebungen) den Beweis für die moralische Anlage im Menschengeschlecht. Nicht das Handeln der Franzosen selbst, sondern diese ›Teilnehmung‹ in »den Gemütern aller Zuschauer« an diesem Handeln erschien Kant, weil er sie für selbstlos hielt, als moralisches Tun, das sonst so selten zu finden sei.

»Die Revolution eines geistreichen Volks«, die auf die europäische Politik des 19. Jahrhunderts die fatale Wirkung hatte, daß man aus Furcht vor einer Revolution im eignen Land die Repression, die Zensur, die Verfolgung unabhängiger Geister verstärkte, um so mehr, je weiter man sich vom Ursprungsland entfernt befand, sucht sich, da sie in den Köpfen der Romanfiguren so wenig Platz findet, einen natürlichen Weg des Ausdrucks. Da steigt denn statt des Wasserstrahls ein roter Hahn auf und kräht laut in die Lande hinein. Und bei diesem Krähen scheint es auch geblieben zu sein.

Wandlungen des Optimismus

Mit Beginn des 19. Jahrhunderts hat der Begriff ›Optimismus‹ den Sachverhalt, den er bei Leibniz als ›System des Optimum‹ und Wahl der besten aus allen möglichen Welten, bei seinen Kritikern, die das Wort 1737 prägten, als absurde Vereinigung von Mathematik und Theologie bezeichnet hat, völlig verloren. Er bezeichnet jetzt eine seelische Stimmung, ein Verhalten zur Welt, eine Sicht der Dinge. Weil das so subjektiv ist, fordert es seinen Gegensatz heraus in der begrifflichen Spottgeburt ›Pessimismus‹. Man kann mit vielem einzelnen und mit allem insgesamt unzufrieden sein, man kann über den Lauf der Welt und den Gang der Dinge unglücklich sein und verzweifeln, aber eine Philosophie des Pessimismus ist nicht möglich. Gewiß ist auch aus der Stimmung, die man seither ›optimistisch‹ nennt, keine Philosophie zu machen. Als Stimmungen bedingen sie einander, und bei manchen Temperamenten geschieht das im Wechsel, himmelhoch jauchzend, zu Tode betrübt. Das ist eine uralte Erscheinung der ›Humores‹, der die Temperamente bestimmenden Säfte im Körper der Menschen, nach antiker Auffassung, die nichts mit dem Gang der europäischen Philosophie zu tun hat.

Friedrich Maximilian Klinger (1752–1831), der Jugendfreund Goethes und spätere General des Zaren, der durch sein Drama *Sturm und Drang* (1776) einer literarischen Epoche den Namen gab, beginnt seine um 1800 verfaßten *Betrachtungen und Gedanken über verschiedene Gegenstände der Welt und der Literatur* (1803) mit dem Aphorismus: »Der Optimism und der Pessimism sind Zwillingsbrüder. Ob der letzte ehebrecherisch durch Superfötation hinzugepfuscht sei, ist jetzt, da man die Mutter vor kein geistliches Gericht mehr ziehen kann und der Vater immer schweigen wird, schwer auszumachen. Mir scheinen sie beide ehrlicher Geburt, keiner älter als der andre und, um allem Streit über Erbfolge und Erbrecht zuvorzukommen, in einem nicht zu unterscheidenden Wurf ans Licht der Welt geworfen zu sein. (...) Genug, die Zwillinge sind da und sind – so entgegengesetzter und widersprechender Natur sie auch sein mögen – so innig verbunden und unzertrennlich, wie sonst nichts in dem ganzen Universo innig verbunden und unzertrennlich zu sein scheint. Alles, was durch sie geschieht – und was geschähe wohl ohne sie? –, trägt die Farben beider, so kreischend diese auch gegeneinander abstechen. Keinen Augenblick kann man einen ohne den andern besitzen; und scheint auch einmal einer allein zu Gaste zu kommen, so tritt doch gleich der andre hinterdrein, als könnte er ohne seinen geliebten Gesellen nicht atmen und sein. (...) Kurz, dieses edle Brüderpaar hat sich so ziemlich, ohne weiter ihr Recht zu beweisen, zu Herren und Herrschern der moralischen und physischen Welt gemacht; und ist der letzte wirklich ein Bastard, wie ihm die, bei denen er den Herrn über seinen Bruder spielt, oft laut nachsagen, so möcht' ich wohl den ehrlich gezeugten Bruder fragen, warum er sein Geburtsrecht nicht besser behauptet habe. Vielleicht würde er mir weislich antworten: ›Durch diese Zulassung erwies ich erst recht meinen Wert.‹ Aber eine weise Antwort ist nicht für alle Leute eine befriedigende Antwort.«

Da hat der Welterfahrene etwas Richtiges beobachtet. Bei der Geburt des Pessimismus und schon bei seiner Zeugung scheint nicht alles mit rechten Dingen zugegangen zu sein. War der Optimismus von einem Jesuiten zum Hohne von Leibniz in die Welt gesetzt, so vermutet Gustav Landauer (1870–1919) überzeugend, daß der Wechselbalg Pessimismus dadurch entstanden sei, daß Thersites (der Lästerer bei Homer) sich mit einer buddhistischen Nonne vereinigt habe. Schlimmer, und das war ja schon Voltaire aufgefallen, ehe es einen Begriff Pessimismus gab, aber immerhin hatte man das Übel wie das Beste vor Augen, steht es mit der Unzertrennlichkeit und Komplementarität der beiden. Will man einen einladen, so kommt auch gleich der andere. Will man das Übel in der Welt schönfärben und mit schlechten Gründen rechtfertigen, so erweist man das Gegenteil. Aber will man zeigen, daß diese Welt die schlimmste aller möglichen Welten ist, wie Schopenhauer das versucht hat, so gelingt das auch nicht recht.

Arthur Schopenhauer (1788–1860) ist ein ausgezeichneter Stilist und hat die traurige Meinung über die Welt mit den schönsten aller möglichen Farben ausgeschmückt, mit Zitaten der besten Dichter, so daß er nach dem enttäuschenden Ausgang der Revolution von 1848 der philosophische Schriftsteller des resignierten deutschen Bürgertums wurde. Damals war er bereits sechzig Jahre alt und, wie der Vergleich der Jugend- mit den Altersbildnissen zeigt, durch diese Welt verbittert, die Mundwinkel der einst blühenden Lippen des Verfassers der dickleibigen *Welt als Wille und Vorstellung* (1818) zogen sich verhärmt herab. Leider hat er für Leibniz' fruchtbares und in Hypothesen experimentierendes Denken gar kein Verständnis. Daß der Entdecker der Integral- und Differentialrechnung mit unendlich kleinen und großen Quantitäten umzugehen versteht, daß er einen unendlichen Verstand und Willen für ein höchstes Wesen konzipiert, das in einer unendlichen Zahl möglicher Welten schweifen kann, ehe es eine in die Wirklichkeit erhebt, und daß man in dieser aktuellen Tatsächlichkeit ebenso wie in der wirklichen Wahrheit der geltenden physikalischen und mathematischen Gesetze eine Vollkommenheit erblickt, so wie ein Architekt sich freut, wenn ein Entwurf gebaut ist und bewohnt wird, ein Staatsmann sich freut, wenn eine Verfassung geltendes Recht ist und eine menschliche Gesellschaft damit zu leben vermag, das blieb dem guten Mann, der wohl zitieren und kritisieren, aber nicht erfinden kann, fremd.

Das Lustige dabei ist, daß er eine Blütensammlung der besten Autoren, der besten aller möglichen Bücher beschwört, nicht etwa mürrisch wie Signor Pococurante, sondern voll naiver Begeisterung wie Candide, um die Miserabilität dieser Welt zu erweisen. Shakespeares *Hamlet*, Calderons *Das Leben ein Traum*, Dantes *Göttliche Komödie*. Da deutet sich, der Zwillingsbruder Optimismus hat sich, vielleicht wie bei Goethes *Faust* in Gestalt des Pudels, bereits eingeschlichen, eine ästhetische Theodizee an. Die Werke der Kunst sind in dieser traurigen Welt so schön, daß man in ihnen oder mit ihnen vor Seligkeit versinken möchte ... Dazu wollte Schopenhauers eifriger Leser Richard Wagner die

Pope (1688–1744)

J. G. Zimmermann (1728–1795)

Schopenhauer (1788–1860) vor

und nach dem Pessimismus.

Musik komponieren. Dafür wie für das Leiden der Menschheit wird jeder Verständnis haben, aber nicht gerade in den vollkommensten Werken der Kunst ein Argument für die schlechteste aller Welten sehen. Das Mißverhältnis eines mit seinen Trieben ringenden Menschen zur Welt, zur sogenannt realen wie zu der der Ideen, der Theorien, Formen und Werke scheint sich da abzuspielen.

Schopenhauer rühmt Gesundheit, Jugend und Freiheit als die drei größten Güter des Lebens, deren man aber erst inne werde, wenn man sie verloren habe. Er leugnet nicht die Güter des Lebens, sondern den Sinn ihrer Grenzen und Vergänglichkeit in einem unerkennbaren Ganzen: »Es müßte ganz und gar keine Leiden geben und auch der Tod nicht sein, oder nichts Schreckliches für uns haben«. Wenn man die Welt schon für Schein hält, die indische ›Maja‹, und ein Produkt der Vorstellungskraft, dann müßten doch die Leiden ebenso unwirklich wie die Freuden sein? Aber die Theorie, die die Wirklichkeit der Welt in Frage stellt, ist eine Funktion von Lebensangst, Sicherheitsbedürfnis und einer extremen Sensibilität für Schmerz. Daneben erscheint sogar, gewiß spielerisch, die Umkehrung der Rechnung, daß Übel Gutes hervorbringen könne. Denn dem Optimismus von Leibniz will er doch zugutehalten, der Anlaß zum »unsterblichen Candide des großen Voltaire« gewesen zu sein. Und Schopenhauer versteigt sich zum Gegenbeweis, daß unsere Welt »die *schlechteste* unter den möglichen« sei. Er sieht keinerlei Vollkommenheit in der Tatsache ihrer Existenz und kann sich das Mißlingen der Welt auch nicht in der Konzeption experimenteller werdender Welten denken, wie Diderot es tut.

Für Schopenhauer ist, wie für einen grämlichen Hausbesitzer, der stets über schlechte Handwerker zu klagen hat, »diese Welt so eingerichtet, wie sie sein mußte, um mit genauer Not bestehen zu können: wäre sie aber noch ein wenig schlechter, so könnte sie schon nicht mehr bestehen«. Woher aber dann die Angst vor dem Tod oder dem Ende der Welt? Wie er bereit ist, von seiner philosophischen Warte herabzusteigen, um die Lehre von der Erbsünde auszubreiten, nur weil sie für die Schlechtigkeit der Welt zeuge, so ist ihm unter den Anzeichen bedrohlicher Gefahren unser Erdbeben von Lissabon gerade recht, das uns hier noch einmal begegnet. Und es wird so überzeugt als lesbares Zeichen gedeutet, daß wir uns lebhaft an die vermeintlich überwundenen Fingerzeige erinnert fühlen, welche die Pastoren 1755 darin erblickten: »Ein Erdbeben von Lissabon, von Haiti, eine Verschüttung von Pompeji sind nur kleine schalkhafte Anspielungen auf die Möglichkeit.« Und diese ist der größte aller möglichen Kladderadatsche.

In der Antike war die Vorstellung einer Vielzahl von Welten in Raum und Zeit selbstverständlich. Die christliche Heilsgeschichte bestand aus dramaturgischen Gründen auf der Einmaligkeit des Schauplatzes dieser Heilsgeschichte, ohne die Argumente »der Philosophen« zu widerlegen; sie wurden schlicht untersagt. Dafür brachte die Spätantike ins frühe Christentum eine Naherwartung des Weltendes, die nicht Schrecken, sondern Erlösung bedeutete. Wie viele Moderne ist Schopenhauer, ohne es recht zu merken, ein Anhänger der Religion Voltaires. Aber nicht des weisen Verfassers des herrlichen *Candide*, sondern des Voltaire, der mit seinen praktischen, vernünftigen, toleranten und liberalen Auffassungen im 19. Jahrhundert ins Bürgertum gedrungen und für Baudelaire zum Beispiel damit nun der Antikünstler, die Verkörperung der banausischen Banalität geworden war. Besitz- und Lebensgier und Todesangst ... ein Recht darauf, daß es uns immer besser geht, aber sonst alles so bleibt wie es ist. Der philosophische Umgang mit einer schöpferischen Metaphysik ist zu Ende, und dafür wird die Möglichkeit, die technische oder ökologische oder biologische, eines Endes unseres Lebens auf dieser kleinen Erde zum sentimentalen Religionsersatz in Festreden, zum letzten Mittel, den universalen Egoismus irgendwo zu packen.

Wiederum gelingt es Schopenhauer nicht, das Ende einer Welt, die er für mißglückt hält, natürlich oder positiv zu deuten. Während kein Naturforscher oder Philosoph noch ernsthaft mit dem Gedanken der Schöpfung umgeht, führt er ein Rückzugsgefecht mit der Keule des Rezensenten. Erstens gilt es einen Gott zu züchtigen, der sich traditionell in der religiösen Literatur selbst für sein Werk lobt, dann aber wird die Rezensentenkeule geschwungen, um, ehe wieder die schönsten Zitate der Weltliteratur gepflückt werden, Voltaire auch für seine schwachen Seiten zu loben und Rousseau zu schmähen, ohne die Grenze zu erblicken, die dieser wie jener zum Denken der Existenz hin überschreitet. Schade.

Aber es waren auch wirklich schlechte Zeiten für die Philosophie. Die exakten Wissenschaften parzellierten die Wahrheit in Tatsächlichkeiten, die Wirklichkeit der Ideen wurde pervertiert in die Realität des Ungeistes. Die Philosophie ließ sich in die Defensive drängen, und sensible Köpfe zerbrachen an den falschen Alternativen bloß empirischer Rationalisierung wissenschaftlicher Arbeit. Schopenhauers Doppelspiel, sich im Weltschmerz in fiktive Schönheiten der Kunst zu verlieben, um die doch vermeintlich als irreal durchschaute reale Welt zu schmähen, konnte nicht auf die Dauer überzeugen. So überwindet sich Friedrich Nietzsche (1844–1900) in einem gewaltsam erzwungenen Heroismus gegen die eigene Natur, »die bisher verneinten Seiten des Daseins nicht nur als notwendig zu begreifen, sondern als wünschenswert«. Wer hat wörtlicher Candides paradoxer Definition des Optimismus entsprochen, es sei »die Wut, zu behaupten, es sei alles gut, wenn es einem schlecht geht«? Was früher naive Rabulistik war, ist nun tragische Verstrickung geworden, denn mit Spinozas Einsicht in den Lauf der Welt und Leibniz' Gedanken einer mathematisch-physikalischen Vollkommenheit in der moralischen Welt hat das nichts zu tun. Da ist denn doch Schopenhauers Befürchtung, daß der Optimismus eine »wahrhaft *ruchlose* Denkungsart« sei, zum Bewußtsein ihrer selbst gekommen.

Blick zurück nach vorn

Ob der sogenannte Optimismus wirklich ein Gegenstand ernsthaften Philosophierens war, ist ja die Frage. Auf jeden Fall hat er sich im 19. Jahrhundert aus der Philosophie verabschiedet und bezeichnet Stimmungen, Befindlichkeiten der seelischen Verfassung eines Menschen. Er kann wechseln und in sein Gegenteil umschlagen, sich dahinter verbergen und ellenlangen pessimistischen Tiraden schalkhaft lächelnd zuhören, denn er weiß es ja besser, daß ein gut Stück verletzter Optimismus erst den Zwillingsbruder zum Reden bringt.

Daß der Gedanke der Existenz aus seiner früheren Unbestimmtheit bei dieser Debatte Gestalt und Funktion im neueren Denken gewann, in geheimnisvoller, unbewußter Solidarität zwischen Voltaire, Rousseau und Kant, ist das glückliche Ergebnis des Erdbebens von Lissabon. Um so trauriger ist es, daß in der Existenzphilosophie des verfließenden 20. Jahrhunderts der Gedanke in eine scholastische Mühle geriet, wie früher einmal die Rechtfertigung Gottes, und das lebendige Dasein, die heitere Weisheit und den reifen Stil poetischer Darstellung gar nicht wiederbekommen hat, die er damals gewann und die in den zitierten Schriften unverlierbar bleibt.

Auch hat Leibniz, um dessen kaum gelesenen und noch weniger verstandenen Gedanken so viel gestritten wurde, ein Recht darauf, daß man sich knapp veranschaulicht, worum es ihm ging. »Sein oder Nichtsein«, hatte ja schon mancher gefragt, eine Schöpfung aus dem Nichts erwogen und ein Versinken alles Bestehenden in den Abgrund des Nichts ans Ende der Zeiten gesetzt. Die Sprache gibt uns allerlei vor: ein Verb ›sein‹, die bedenkliche Möglichkeit, daraus ein Substantiv ›das Sein‹ zu bilden und es von dem Partizip ›das Seiende‹ zu unterscheiden. Im Deutschen nennen wir das Verb leichtsinnig ›Zeitwort‹, während für die antiken Philosophen die Zeit ein Derivat ist, das einen Ursprung hat, »vor« dem keine Zeit war. So konnte man sich ein Sein denken, das erst zeitlos beieinander war, wie die Ideen, die geometrischen Figuren, die Funktionen, und sich dann erst nach diesem nicht eigentlich erfreulichen Augenblick der Zeitentstehung in ein Nacheinander der Formen auseinanderfaltete.

Leibniz stellt zuerst die eigentlich metaphysische Frage, warum überhaupt etwas ist und wir sind und nicht vielmehr nichts. Newton gegenüber, der an einem ziemlich dinglichen absoluten Raum, einer absoluten Zeit und einem Schöpfergott, der wie ein irdischer Uhrmacher sein Werk immer wieder aufziehen, pflegen und reparieren muß, festgehalten hatte, behauptete er einen überlegenen Begriff relativer Zeit, relativen Raumes und eines höchsten Wesens, das nicht außerhalb der Naturgesetze als Reparaturinstanz benötigt wird. Das konnte kaum einer glauben. Darin liegt eine unerhörte Freiheit, ähnlich der des homogenen Raumes, der mit der hierarchischen Gliederung: unten schlecht und Erdenschwere, oben gut und Himmelsleichtigkeit, aufgeräumt hat. Und darin liegt eine Revolution des Denkens, die in der Regel viele Generationen braucht, bis sie Evidenz gewonnen hat und nicht mehr gegen falsche vermeintliche Erfahrungen oder Gesetze bewiesen werden muß.

Leibniz stellt sich in seinem Denken vor die Zeit und die Dinge. Mit einer ungeheuren Kühnheit, die er höflich und verbindlich hinter traditionellen metaphysischen und theologischen Formeln so geschickt versteckt hat, daß man sich um diese Formeln streiten, und glauben konnte, sie siegreich widerlegt zu haben. Leibniz hätte gelächelt bei der Vorstellung, daß man, und mit so kümmerlichen Behauptungen dazu, sich um das Vergnügen zu denken bringen kann, und zugleich wäre er traurig darüber gewesen, denn er wollte dieses Vergnügen nicht für sich behalten, sondern es durch Teilhabe ins Unendliche vermehren.

»Warum ist überhaupt etwas und nicht vielmehr nichts?« ist die erste Frage. Und daran schließt sich, da Leibniz Metaphysiker und Physiker zugleich ist, die zweite: »Warum ist es so und nicht anders?« Von daher leitet sich das Prädikat her, daß es besser ist zu sein, als nicht zu sein, besser, es ist etwas, als daß nichts wäre. Die ›essentia‹ strebt zur ›existentia‹ nach dem Maße ihrer Vollkommenheit. Ein Urteil wird nicht darüber gegeben, ob man

Scheußlichkeiten, Unrecht oder Erdbeben gut oder schlecht findet, was nicht nur geschmacklos, sondern unsinnig wäre, sondern allein darüber, daß die Welt ist, statt daß sie nicht wäre. Solche Fragen haben nichts mit moralischen Schlußfolgerungen, Schuldzuweisungen und Mönchsgezänk und Parteienhader zu tun. Philosophieren heißt, solche Fragen zu stellen.

Ähnlich ging es trotz aller guten Argumente Georg Wilhelm Friedrich Hegel (1770–1831) mit seiner Feststellung:

> Was vernünftig ist, das ist wirklich;
> und was wirklich ist, das ist vernünftig.

Das heißt nicht, daß damit alles Bestehende gerechtfertigt sei, denn man sieht ja, und Hegel hat es kommentiert, daß Bestehendes zerfällt, und das zu Recht. So in der Zeit der Französischen Revolution das alte Heilige Römische Reich Deutscher Nation, das keine Wahrheit mehr hatte. Es war nicht vom sittlichen Bewußtsein der Bürger erfüllt, es lebte nicht als Staatswesen, und darum verging es, ohne beklagt zu werden. Er wendet es in der Vorrede der *Grundlinien der Philosophie des Rechts* (1821) ausgerechnet auf die als abstrakt verschrieene platonische Republik an. Bei seinen eigenen Untersuchungen über Recht, Staat und Sittlichkeit fand er, daß Platon zwar nicht die richtige Lösung gibt, aber das Prinzip erkennt und erörtert, um welches »damals die bevorstehende Umwälzung der Welt sich gedreht hat«. Nicht jede schlechte Realität wie die Übergriffe der preußischen Zensur und die Schnurrbärte der Unteroffiziere sind vernünftig, sondern eine Erscheinung der geschichtlichen Welt, eine Verfassung oder ein geltendes Recht ist wirklich, insofern sich die Vernunft darin verwirklicht hat. Ist das nicht der Fall, so wird diese Erscheinung absterben, zerfallen, so wie von einem Tag auf den anderen unwirkliche, unvernünftige Herrschaftssysteme damals wie heute zerfallen. Was eben gefürchtet war, wird jetzt verspottet, und kann doch gefährlich sein, solange es keine geltende Ordnung, kein sittliches Bewußtsein einer Gesellschaft ersetzt hat.

Wer in lebhafter Diskussion das Für und Wider erörtern möchte, kann da enttäuscht sein. Es geht nicht darum, Meinungen auszutauschen, von denen jede ihr Körnchen Wahrheit hat. Da ist es ein Zugeständnis an die moralische Phantasie, wenn man eine Debatte führt. So tut es Leibniz selbst, am Ende der auf Bitten der Prinzessin Sophie Charlotte zur Widerlegung der beunruhigenden Zweifel Bayles geschriebenen *Théodicée.* Da wird aus den unendlich vielen Welten die an der Spitze der Pyramide aus Welten schwebende ausgewählt, obwohl Verbrechen in ihr geschehen, die aber Anlaß zu gerechteren Verfassungen sein werden. Aber stellen wir uns doch vor den Anfang des Weltalls, als zeitloser, unendlicher Verstand und Wille! Könnten wir das Sein verweigern? Da gibt es keine moralischen Erwägungen. Selbst die ästhetische Rechtfertigung zieht nicht. Denn das wäre ein begrenzter Verstand, der zu seiner Unterhaltung das Schauspiel der Welt dem Nichts vorzöge. Für die antike Philosophie ist eine Vollkommenheit denkbar, die nicht aus sich, dem ruhenden Sein, sich in ein zeitliches, in unsere Wirklichkeit, entfaltet. Ein Zustand vor dem Sein wird dort nicht gedacht. Das ist das radikal Neue in Leibniz' Denken. Es gibt kein absolutes Sein, das dann wird. Wie die Zeit mit dem Lauf der Dinge und der Raum mit ihrer Ausdehnung, so entsteht das Sein, wenn etwas ist. Und dieses Sein, nicht nur das der Körper, auch das der Ideen, bezeichnet einen höheren Grad der Vollkommenheit, als wenn nichts wäre.

Darüber ist nicht zu rechten. Darüber kann man, im Boot oder am Ufer unter leicht im Winde sich wiegenden Zweigen in den Himmel schauend, nachsinnen und dann das Denken bleiben lassen und nur noch sein Dasein fühlen. Dann aber, damit nicht die Langeweile, das Laster und der Mangel uns plagen, heißt es, wir wissen es ja schon, unseren Garten zu bestellen – »mais il faut cultiver notre jardin«, und in ›cultiver‹ steckt ›Kultur‹, das Pflegen, Ausbilden und Schaffen darin. Wenn die Erde bebt, so ist keine Absicht darin zu suchen. Aber wenn wir uns unserer Fähigkeiten und unseres vergänglichen Glückes dabei erinnern, so muß das kein Fehler sein.

⋆⋆
⋆

Voltaire, Studien nach dem Leben, von Jean Huber.

Bibliographie der Forschungsliteratur

Die jüngeren Studien wurden durch das 200. Gedenkjahr angeregt, in dem auch in Lissabon eine Ausstellung mit Katalog 1955 stattfand. Die zusammenfassende Darstellung gibt:

T. D. KENDRICK, *The Lisbon Earthquake*, London 1956.

Die deutschen Quellen im Zusammenhang der durch das Erdbeben ausgelösten Debatte um den Optimismus sammelt eine von Max Horkheimer angeregte Dissertation:

ARTHUR KEMMERER, *Das Erdbeben von Lissabon in seiner Beziehung zum Problem des Übels in der Welt*, Diss. Frankfurt/M. 1958.

Die grundlegende Darstellung der Verluste, Berichte und zeitgenössischen Reaktionen gibt:

F. L. PEREIRA DE SOUSA, *O Terremoto de Iº Novembro de 1755 e um Estudo Demografico*, 4 Bde., Lissabon 1919–1932.

Der beste zeigenössische Bericht eines Augenzeugen:

J. J. MOREIRA DE MENDONÇA, *Historia Universal de Terremotos … com uma narraçam individual …*, Lissabon 1758.

Zur weiteren Literatur vergl. das genannte Buch von Kendrick. Eine literaturwissenschaftliche Deutung, die das Erdbeben als Wendepunkt der Meinungen, vergleichbar der großen Französischen Revolution, darstellt, gibt:

HARALD WEINRICH, Literaturgeschichte eines Weltereignisses: Das Erdbeben von Lissabon, in: *Literatur für Leser*, Stuttgart 1971, S. 64–76.

Eine ganz knappe Skizze der Folgen für den Begriff des ›Optimismus‹ und eine weitere mit den publizistischen Reaktionen bilden die Keimzelle für gegenwärtigen Band:

HORST GÜNTHER, Art. ›Optimismus‹ in: *Historisches Wörterbuch der Philosophie*, Bd. 6, Basel 1984, S. 1240–1246.

HORST GÜNTHER, Das Erdbeben von Lissabon, in: Dietrich Briesemeister u.a., *Aufsätze zur portugiesischen Kulturgeschichte*, Bd. 20, Münster 1993, S. 191–200.

Dieser Band, den der Leser in Händen hält, stellt die Auswirkungen auf der Ebene der Gedanken dar, die das Erdbeben von Lissabon veranlaßte. Daher seien die Autoren und ihre Schriften noch einmal genannt, auf die sich unser Text bezieht.

Verzeichnis der zitierten Autoren und Schriften

1958), setzt zuerst deutlich Optimismus und Pessimismus entgegen, als untrennbar. S. 110f.

FRIEDRICH GOTTLIEB KLOPSTOCK (1724–1803), der Lyriker und Dichter des *Messias*, tritt hier nur mit einem Briefe auf. S. 51.

GOTTFRIED WILHELM LEIBNIZ (1646–1716), ein universaler Geist, in der Metaphysik so produktiv wie in der Mathematik, wird im 18. Jahrhundert wenig gewürdigt und gedruckt, aber unter seinem Niveau kritisiert, was keinem gut tut. An seine *Théodicée* knüpfte sich der Begriff ›Optimismus‹ (frz. geschrieben, dt. Übersetzung v. A. Buchenau, Hamburg ^{2}1977), in kleinen metaphysischen Schriften verstreute er große Gedanken. S. 56–70, 87, 112ff., 117ff.

GOTTHOLD EPHRAIM LESSING (1729–1781), der Dramatiker und Polemiker, stellte die Preisfrage der Akademie und diese selbst in Frage, in *Pope ein Metaphysiker!* (1755), gemeinsam mit Mendelssohn. S. 68ff.

PIERRE-LOUIS MOREAU DE MAUPERTUIS (1689–1759), Akademiepräsident in Berlin, Apostel Newtons auf dem Kontinent, legte sich mit Voltaire an, wobei er nur den kürzeren ziehen konnte. S. 64ff.

MOSES MENDELSSOHN (1729–1786) Kaufmann und Philosoph in Berlin, Freund Lessings und Mitautor von *Pope ein Metaphysiker!* S. 68ff.

JOHN MILTON (1608–1674) prägte mit dem *Verlorenen Paradies* (*Paradise Lost*, 1667, dt. v. Bodmer 1732) den Stil erhabener epischer Darstellung und das Thema des Übels in der Welt. S. 19.

PETRUS LOMBARDUS (gest. um 1164) beharrte gegen Abaelard darauf, daß Gott auch eine bessere Welt hätte schaffen können. S. 55

ALEXANDER POPE (1688–1744), englischer Satiriker und gewiß kein Metaphysiker, verbreitete wirkungsvoll den Optimismus mit seinem *Essay on Man* (1733/34). S. 63ff.

A. F. REINHARD, Justiz-Secretar, dessen Arbeit gegen den Optimismus zur Verhöhnung der Philosophie in Berlin gekrönt wurde. S. 67.

JEAN-JACQUES ROUSSEAU (1712–1778), der mit seiner Kulturkritik und Innerlichkeit Epoche machte, kritisierte Voltaire wegen dessen Gedicht über das Erdbeben (1756) und setzt seinerseits am Ende in den *Träumereien* (1778) die Existenz des Menschen über dessen moralische Rechtfertigung (in: Schriften, hg. v. H. Ritter). S. 71–76, 94–99.

ARTHUR SCHOPENHAUER (1788–1860) versucht mit den schönsten Zitaten seine Meinung von der schlechtesten möglichen Welt zu beweisen, in *Die Welt als Wille und Vorstellung* (1818). S. 112–116.

ANTHONY EARL OF SHAFTESBURY (1671–1713) ist einer der einflußreichsten philosophischen Schriftsteller des 18. Jahrhunderts, der den Enthusiasmus und eine optimistische Sicht der Welt vertritt, die Pope in Reime brachte; jetzt wieder greifbar in: Sh., *Der gesellige Enthusiast*, (1990). S. 63, 70.

THOMAS VON AQUIN (1225–1274) versucht wie Petrus Lombardus gegen Abaelard festzulegen, daß Gott auch eine bessere Welt hätte schaffen kön-

nen, daß sie nicht schon aufgrund ihrer Existenz unter anderen möglichen die beste sei. S. 55.
JOURNAL DE TRÉVOUX ou mémoires pour servir à l'histoire des sciences et des arts, 37 (1737, Neudruck 1968). In einer anonymen Rezension einer postumen Neuausgabe von Leibniz' *Théodicée* (1734) wurde im Februarheft 1737 des Journals der Jesuiten, das nach dem Druckort Trévoux benannt ist, der Begriff ›Optimisme‹ geprägt. S. 62f.
VOLTAIRE (FRANÇOIS AROUET, gen., 1694–1778) reagiert wirkungsmächtig mit seinem Poem ›Le Désastre de Lisbonne‹ (1756) auf die Katastrophe und nahm später das Thema in weise gewordener heiterer Distanz auf im *Candide* (1759). Das Poem steht im 9. Band der *Œuvres complètes*, hg. v. Moland (Paris 1877) und ist nie vollständig übersetzt worden, oft dagegen der *Candide*. S. 25–33, 49ff., 63, 71–87.
CHRISTOPH MARTIN WIELAND (1733–1813), *Hymnen über die Allgegenwart und Gerechtigkeit Gottes* (1756) aus der seraphischen Epoche, unterscheidet sich sehr von den späteren heiteren und ironischen Schriften. S. 51f.
JOHANN GEORG ZIMMERMANN (1728–1795), Arzt und Popularphilosoph, *Die Zerstörung von Lissabon*, Zürich 1756. S. 22–24.
Die übrigen publizistischen Reaktionen in Prosa und Versen und die Predigten sind auch in großen Bibliotheken kaum zu finden und hier nach der genannten Dissertation von Arthur Kemmerer (1958) zitiert.

HORST GÜNTHER,

geboren 1945, lehrt Philosophie an der Freien Universität Berlin und forscht an der Maison des Sciences de l'Homme in Paris. Er schreibt, übersetzt und gibt Bücher heraus, größere Editionen von *Karl Philipp Moritz; Die Französische Revolution*, Burckhardts *Kultur der Renaissance in Italien*, und betreibt Philosophie fächerübergreifend: *Freiheit, Herrschaft und Geschichte* (1979), *Versuche, europäisch zu denken* (1990), *Zeit der Geschichte* (1993). Im Verlag Klaus Wagenbach erschien von ihm das *Bücherlesebuch*.